Unsere besten
Rezepte
Beliebte Klassiker

Martina Meuth
Bernd Neuner-Duttenhofer

Unsere besten Rezepte
Beliebte Klassiker

Bassermann

Der Text dieses Buches entspricht den Regeln
der neuen deutschen Rechtschreibung.

ISBN: 978-3-8094-2247-1

Lizenzausgabe des Bassermann Verlags, einem Unternehmen
der Verlagsgruppe Random House GmbH, 81673 München

Originaltitel »Kochvergnügen«, Das Begleitbuch
zur WDR ServiceZeit Essen und Trinken
Redaktion der Sendung: Rainer Nohn

Umschlagestaltung: Atelier Versen, Bad Aibling
Videograbs: Imhoff Realisation,
hergestellt von Heinz Ruess, Schramberg
Weitere Fotos: Martina Meuth
Digitaler Seitenaufbau und Reproduktionen:
Straub Druck+Medien GmbH, Schramberg
Gesamtherstellung: Horst Schöck, Schramberg
Redaktion dieser Ausgabe: Anja Halveland
Druck und Bindung: Neografia, Martin

Printed in Slovakia

817 2635 4453 6271

Inhaltsverzeichnis

Grenzenloses Kochvergnügen

Dieses Jahr haben wir uns in der ganzen Welt umgeschaut und uns für jede Jahreszeit passende Ideen geholt. Bei unseren unmittelbaren Nachbarn ebenso wie im fernen China, dessen Küchenschatz uns längst nicht mehr exotisch anmutet. Wir verraten dazu jeweils die kleinen, aber so wichtigen Tricks der dortigen Köche und Hausfrauen, damit alles sicher gelingt und noch besser schmeckt!

Wir zeigen die toskanische Ribollita mit weißen Bohnen, Möhren und Kohl, bereiten einen chinesischen Topf mit Schweinebauch, Chinakohl und Szechuanpeffer. Und schließlich gibt es Borschtsch – den Eintopf aus dem Osten, mit Roter Bete, Zwiebeln, Rindfleisch und saurer Sahne.

Häppchen, die stärken, aber nicht gleich sättigen: In Spanien genießt man sie zum Aperitif, wenn man sich vor dem Essen in der Bar zum Sherry trifft. Unsere Tapas sind eine hübsche Vorspeise, eine kleine Mahlzeit für sich oder, alle miteinander, ein Super-Buffet für die Party.

Vom edlen Gratin, aufgepeppt mit Gemüse, geriebenem Käse und reichlich Rahm, bis zum deftigen Auflauf mit einem Deckel aus Kartoffelpüree. Wir zeigen schnelle Varianten, aber auch einen Auflauf, der zwar ein wenig Mühe, dafür garantiert Eindruck auf Ihre Gäste macht.

Wie die zarten Brüste und die kernigen Keulen am besten schmecken und was man aus den Flügeln macht. Sogar die Innereien ergeben ein herrliches Gericht, ebenso wie natürlich auch das ganze Huhn! Lauter leichte Tricks rund um ein eigentlich eher gewöhnliches Produkt...

Ob als Portion im Teller, im kleinen Becherförmchen oder in der Terrine, ob aus Gemüse pur, mit Eiern, Krabben oder mit Fleischeinlage – Sülzen liebt jeder, und sie sind überaus praktisch für Gäste. Denn man kann sie wunderbar vorbereiten. Wir zeigen, worauf es dabei ankommt.

Wenn es die schönsten Früchte in Hülle und Fülle gibt, ist es höchste Zeit für neue Obstkuchenrezepte. Wir haben welche ausgetüftelt, die nicht viel Mühe machen und schnell zuzubereiten sind. Natürlich verraten wir Tricks, wie der Boden knusprig bleibt und der Guss gelingt.

Fisch hat bei uns wenig Tradition. Doch heute kann man selbst in den kleinsten Orten und fern vom Meer frischen Fisch kaufen. Dank moderner Kühltechnik auch im Sommer, wenn leicht verdauliche Gerichte angesagt sind. Gebraten, gekocht, geschmort – wir zeigen neue Ideen.

Was ist Pasta ohne die Sauce! Neue Rezepte, die schnell zubereitet werden können und für die man die Zutaten immer im Haus haben kann. Sozusagen Kochen aus dem Stand! Mit und ohne Tomaten, mal ganz vegetarisch, mal mit Fleisch – lauter leckere Anregungen aus Italien.

Texmex – für den jugendlichen, unkomplizierten Genuss. Zu den fertig gekauften Maisfladen machen wir die unterschiedlichsten Salsas und Füllungen – von sanft und schokoladig bis höllisch chilischarf: Essen als ein fröhliches, abwechslungsreiches Gesellschaftsspiel!

Chinesische Restaurants boomen, alle mögen das leichte, bekömmliche Essen. Gerichte mit knappen Garzeiten, die Farbe, Geschmack und Konsistenz der Zutaten schonen. Und das Beste: Chinesisch kochen ist ganz einfach, wenn man das Prinzip erkannt hat. Wir zeigen es Ihnen!

Marzipangebäck aus Siena; Linzer Schnitten; rosmarinwürzige Tessiner Rauten und ein raffinierter Kuchen mit Äpfeln, Birnen und Trockenfrüchten auf burgundische Art. Dazu eine Beschreibung von Likör- und Dessertweinen, die dazu ebenso gut schmecken wie Kaffee oder Tee.

Diesmal schlagen wir Karpfen vor – traditionell blau gesotten mit Meerrettich oder auf chinesische Art mit Ingwer, Knoblauch und Sojasauce. Als Vorspeise Kalbfleischterrine mit pikantem Apfelgelee und Apfelchutney. Und als Dessert Seidenäpfel, die auf der Zunge zergehen.

Man sitzt den Abend lang am Tisch, brät sich immer wieder ein Stückchen Fleisch, isst dazu von den vorbereiteten Delikatessen und ist gemütlich beschäftigt: Niemand muss in die Küche rennen, um den nächsten Gang zu bringen, alles steht schon da... Lauter pfiffige Sachen!

Grenzenloses

Rainer Nohn, Redakteur »ServiceZeit Essen und Trinken«

Erst die Arbeit, dann das Vergnügen, heißt das Sprichwort. Das trifft natürlich auch fürs Kochen und Essen zu.
Man hat sich für ein bestimmtes Rezept (oder mehrere) entschieden und eingekauft, was nicht vorrätig war. Möglichst frisch und gut sollen die Zutaten sein, und deshalb nimmt man vielleicht auch einen längeren Weg zum Markt oder zu einem Fachgeschäft in Kauf. Das dauert natürlich seine Zeit. Dann steht man in der Küche und muss schuften. Das aufgeschlagene Rezeptbuch vor sich, legt man sich die Zutaten und Geräte zurecht, überlegt sich die Reihenfolge der einzelnen Schritte und macht sich an die Arbeit. Kaum hat man angefangen, stört jemand. Aber man lässt sich nicht aus der Ruhe bringen – oder? Irgendwas klappt auch nicht so, wie's soll. Was habe ich falsch gemacht? Wie kann ich den Fehler wieder ausbügeln? Aber endlich, nach vieler körperlicher und geistiger Arbeit, ist's geschafft. Das Essen ist fertig.
Und dann ist man gespannt, ob es auch schmeckt. Wenn jetzt einer sagt: »Hm, ist lecker«, ist das Ziel erreicht. Die ganze Mühe hat sich also gelohnt. So oder so ähnlich ist es Ihnen sicherlich auch schon ergangen.
Unser Kochduo Martina und Moritz (wie sie ihn nennt) hat auch Spaß an der Arbeit. Das kann der Fernsehzuschauer bei jeder Sendung aufs Neue beobachten. Er merkt, dass hier mit Lust und Liebe zu Werke gegangen wird. Und das macht auch den Erfolg des Dauerbrenners »Essen und Trinken« aus.
Aber auch für die beiden steckt jede Menge Arbeit drin, bevor ein Rezept steht und veröffentlicht werden kann.
Für dieses Buch haben sich unsere Autoren wieder in vielen Ländern umgesehen und Anregungen geholt. Aber selbstverständlich können sie Rezepte nicht einfach übernehmen, sondern müssen sie ausprobieren und quasi neu erfinden.
So hat der asiatische Eintopf mit Chinakohl und Szechuanpfeffer schon ein paar Probeläufe hinter sich.
Das Kartoffelsoufflé wurde öfters variiert.
Das Thaicurry mit Hähnchenkeulen musste entschärft werden.
An den Obstkuchen wurde so lange getüftelt, bis sie so köstlich schmeckten und so schnell zuzubereiten waren.
Beim Fisch sollte mal was ganz Besonderes versucht werden, und heraus kam das Filet in Olivenöl gesotten auf Linsen.
Auch die Rezepte aus der chinesischen Küche mussten auf unseren Geschmack getrimmt werden. Probieren geht auch hier über Studieren.
Sie, liebe Leser, können also sicher sein, dass alle Rezepte getestet sind.
Das ist jedenfalls die Basis für das Gelingen. Wenn Sie dann mit Ruhe und Übersicht zur Tat schreiten, kann auch schon das Kochen Spaß machen. Man freut sich, wie das Werk entsteht und alles planvoll abläuft – ohne Stress.
Dann kann Kochen sogar Entspannung sein.
In diesem Sinne: Rein ins Vergnügen!

Kochvergnügen

Vorbemerkung: *Martina Meuth / Bernd Neuner-Duttenhofer*

Ein anderes Sprichwort, das in allen deutschen Landen in mehr oder weniger deftigen Varianten bekannt ist, meint: »Was der Bauer nicht kennt, das isst er nicht!« Im übertragenen Sinn charakterisiert man damit mangelnde Aufgeschlossenheit gegenüber Neuem. Ganz buchstäblich bedeutete es, dass die am Althergebrachten hängende Landbevölkerung nur das zu sich nahm, was sie selbst produzierte oder was ihr bekannt war (merkwürdigerweise gibt es hier wiederum von Volksstamm zu Landstrich enorme und kaum nachvollziehbare Unterschiede – so sammeln die Bauern in manchen Gegenden Pilze, in anderen werden sie als Teufelswerk verschmäht).
Essgewohnheiten, das Angebot der je nach Landstrich unterschiedlich üppigen Natur, genau definierte Zusammenstellungen von Zutaten und bevorzugte Zubereitungsarten haben die Kultur und den Geschmack der Völker seit Jahrhunderten geprägt. Und wenn wir etwas über fremde Menschen oder neue Nachbarn erfahren wollen, dann ist es das Aufschlussreichste, sich anzuschauen und zu probieren, was sie essen.

In den letzten Jahrzehnten allerdings hat sich da einiges geändert. Essgewohnheiten und Küche haben sich im Zeitalter der Globalisierung auf der ganzen Welt verblüffend angenähert. Es gibt nicht mehr einen zu festgelegten Zeiten abgehaltenen Familientisch mit traditionellen Speisen, sondern viele »situative Einzelesser«: Die sind durch ihre Lebensumstände gezwungen, allein zu Hause oder in zufälliger Gesellschaft, im Restaurant oder der Kantine, zu unregelmäßigen Zeiten oder an ungewohnten, unbekannten Orten, beiläufig oder hastig zu essen. Keine Tafelkultur mehr, sondern Ernährung. Als für die sorgfältige Zubereitung bekömmlicher Speisen durch eine ausgebildete Hausfrau kein Bedarf mehr bestand und der Selbstverwirklichungsdrang der Frauen diese die Küche verlassen ließ, gewannen Kochen und Essen an Tempo – Schnellgerichte waren angesagt.

Unsere traditionelle deutsche Küche hat da wenig zu bieten: Bei den meisten unserer Küchenklassiker sind die Kochprozesse zu umständlich oder langwierig. Vor 30, 40 Jahren beherrschten belegte Brote und Bratwürste, simple Eintöpfe und mayonnaisenschwere Salate den Alltag der unglücklichen, aus dem Familienverband entlassenen Menschen. Regional hielten sich einfache Spezialitäten wie Puffer, Pfannkuchen, abgebräunter Leberkäs oder Maultaschen. Ansonsten gewannen Fritten und Fleischsalat, Pizza und Pasta, Hamburger und Döner die Vorherrschaft.
Die Industrie begann sich immer intensiver um die Einzelpersonen zu kümmern, entwickelte immer mehr schnell fertig zu stellende Päckchen und Beutel. Ob als Konserve oder tiefgekühlt: Hit wurden Gerichte aus fremden Küchen, die sich besser dafür eigneten als klassische Gerichte. Die asiatische Küche wurde entdeckt, amerikanische Food-Designer entwickelten mit verschiedenen Elementen aus aller Herren Länder ein ganzes Sammelsurium von Speisen (Chop Suey kennt man in Asien nicht), die auch Europa eroberten.
Unsere Jugend ist, was das Essen betrifft, ebenso orientierungslos wie experimentierfreudig geworden. Nicht mehr die von den Eltern mangelhaft überlieferten Geschmacksbilder traditioneller Gerichte und die natürlichen Aromen guter Produkte reizen ihren Gaumen, sondern die manchmal atemberaubend kühnen und aufdringlichen Zusammenstellungen künstlicher Aromastoffe mit nur schwachen Anklängen an natürliche Rohstoffe spielen eine Rolle. Vor lauter mit Erdbeeraroma aufgemotzten Speisen mag die Szene echte Erdbeeren selbst überhaupt nicht.
Eine unglückliche Entwicklung, der wir den Kampf angesagt haben: Wir sind der Meinung, Esskultur erwächst aus der Kenntnis der Produkte, der jeweils adäquaten Zubereitungsart und dem Wissen um den wahren Geschmack. Hier sehen wir uns im Prinzip einig mit den Menschen, die nach all den Lebensmittelskandalen eine Bio-Produktion für notwendig erachten – allerdings bevorzugen wir diese weniger aus ideologischen Gründen als vielmehr und ausdrücklich aus geschmacklichen: In ethischer Verantwortung und mit Liebe erzeugte Lebensmittel sind wertvoller und schmecken besser als die standardisierte, nur auf niedrigen Preis gerichtete Massenware.
Doch was nützen die guten Produkte, wenn man mit ihnen nicht umzugehen weiß? Wenn durch die Industrie falsche, oberflächliche und mit künstlichen Aromen gestaltete Geschmacksbilder in die Welt gesetzt wurden, die das Vorbild vergewaltigen?
Deshalb fanden wir es in diesem Jahr wichtig, originale Länderküchen und Gerichte in den Mittelpunkt unserer Sendungen zu rücken, die vielen der unsäglichen Fertiggerichte und schauderhaften Fast-Food-Restaurants als Vorlage dienten. Wir möchten uns den wundervollen Geschmack der ursprünglichen, echten Küche fremder Länder bewahren! Damit Sie, liebe Zuschauer und Leser, ein wirklich und wahrhaftiges, grenzenloses Kochvergnügen genießen können!

Eintöpfe

Heiß geliebte Eintöpfe

Alles aus einem Topf: herzhaft, kräftig, gut!

Wie reagieren Sie auf das Wort Eintopf? Freuen Sie sich auf eine herzhafte, leckere Mahlzeit oder rümpfen Sie die Nase?
Unsere Eltern, die sich noch an den trostlosen Eintopfsonntag im Krieg erinnern, haben ja leider schlechte Erfahrungen damit gemacht – damals, als ein Eintopf statt Sonntagsbraten den Krieg gewinnen helfen sollte. Diese Zeiten sind gottlob längst vorbei. Deshalb ist es nötig, eine Lanze für den Eintopf als solchen zu brechen und zu beweisen, wie raffiniert und wohlschmeckend man in einem einzigen Topf kochen kann. Wir haben uns in den Küchen anderer Länder umgesehen und wunderbare Rezepte mitgebracht.
Allgemein trifft ja zu, dass ein Gericht nie besser ist als die schlechteste darin verwendete Zutat. Bei einem Eintopf ist das nicht anders – es ist ein häufiger, aber großer Fehler zu denken, man könne in einem Eintopf die weniger frischen und guten Zutaten einfach »verstecken«!
Nein, ein wirklich guter Eintopf verlangt beste Zutaten, Akkuratesse bei der Zubereitung, eine genaue Temperaturführung – und vor allem Zeit! Die Aromafülle und die perfekte Konsistenz der Zutaten, die beim sanften, langsamen Garen entstehen, lassen sich nicht in wenigen Minuten mit anderen Garmethoden erreichen. Aber den größten Teil dieser Zeit braucht der Topf ja gar

keine Zuwendung, kann man sich anderen Dingen widmen...

Vom wahren Wohlgeschmack!

Eintöpfe, ursprünglich aus einer bäuerlichen Küche stammende Gerichte, wurden früher im Kamin oder auf dem großen Holzherd gekocht, ihre Rezepte wurden nicht in Kochbüchern, sondern durchs Zuschauen überliefert. Für die städtischen Haushalte, in denen Gas und später Elektrizität Einzug hielten, wurden die Zubereitungen ganz langsam und allmählich abgewandelt. Veränderungen, die jedoch nicht immer zum Guten der Rezepte waren! Häufig wurden die Garzeiten beibehalten, die für eine viel mildere Hitze gedacht waren. Oder es wurde alles in Windeseile zusammengekocht, wobei sich der typische, komplexe Geschmack der traditionellen Eintöpfe nicht mehr entwickeln konnte. Deshalb haben wir versucht, in unseren Rezepten präzise zu beschreiben, worauf es dabei ankommt, damit Sie den wahren Geschmack erzielen können.

CLIMATIZZAZIONE
AIR
CONDITIONING

Toskanischer Gemüsetopf: erst »Zuppa di verdura«…

Rein sprachlich bedeutet der Name Ribollita *nichts weiter als »Aufgewärmtes« – kulinarisch klingt das ja erst einmal wenig verlockend. Aber gemach: Wenn während der Ferien im idyllischen Landgasthof die Ribollita auf dem Speiseplan steht, findet sie jedermann hervorragend! Warum? Weil eben nicht lieblos alles in einen Topf geworfen wird, wie der Name suggeriert, sondern die Gemüse akkurat zugeschnitten und den jeweiligen Garzeiten gemäß nacheinander behutsam verarbeitet werden. Und weil man dem Eintopf genau dieselbe Aufmerksamkeit widmet wie einem raffinierten Fleischgericht.*
Aufgewärmt *kann ja nur werden, was zuvor schon mal gekocht wurde. Und tatsächlich ist eine Ribollita erst die zweite Stufe einer Sache, die zunächst einmal als Gemüsetopf beginnt, mit allem, was gerade im Garten oder auf dem Markt Saison hat: der* Zuppa di verdura. *Denn wie alles in Italien richtet sich auch eine solche Suppe natürlich nach den Jahreszeiten. Im Winter sieht sie also völlig anders aus als im Sommer. Aber in jedem Fall gehören hinein: Zwiebeln, Möhren, weiße Bohnen, dann Kohl – eine besondere Sorte, der Schwarzkohl, ist für die winterliche Variante typisch. Und: Charakteristisch für die toskanische Gemüsesuppe ist das Brot! Sie wird nämlich auf Scheiben von geröstetem Weißbrot angerichtet und abwechselnd mit Brotscheiben in eine Terrine geschichtet. Von der Suppe durchtränkt, lösen sich die Brotscheiben schließlich fast auf und geben ihr Gehalt und Stand. Gewürzt wird die Suppe am Tisch mit Parmesan und mit frischem Olivenöl.*
Den besonderen Winterkohl aus der Toskana, cavolo nero *(Schwarzkohl), gibt es bei uns leider nicht. Dabei gedeiht dieser dekorative Kohl mit seinen langen, schmalen, dunkelgrünen Blättern hier ebenso gut wie dort. Wir müssen ihn durch Wirsing ersetzen, wobei man ruhig die festen, dunkelgrünen Außenblätter verwenden kann – und das zartere, gelbe Herz für ein anderes Gericht vorsieht.*

ZUTATEN

Für sechs Personen:
500 g weiße Bohnen
4 Knoblauchzehen
Salbeiblätter
Salz
2 Selleriestangen
1 Möhre
1 Zwiebel
1/2 Tasse Olivenöl
1 Bund Petersilie
1 kg *cavolo nero* oder Wirsing
1 Tasse Tomatenpüree
500 g helles Bauernbrot in Scheiben

1 Die Bohnen über Nacht einweichen, mit Knoblauch und Salbei in Salzwasser weich kochen. Durch eine Gemüsemühle passieren, dabei mit so viel Kochwasser verrühren, bis ein ziemlich dünnes Püree entstanden ist.

2 In einem Suppentopf in feine Scheibchen geschnittenen Stangensellerie, Möhre und gehackte Zwiebel im heißen Öl andünsten. Das Bohnenpüree zufügen, auch die Hälfte der abgezupften Petersilienblätter, den in Streifen geschnittenen Kohl und das Tomatenpüree. Gut verrühren und auf leisem Feuer etwa eine Stunde sanft köcheln, bis der Kohl weich ist. Die Suppe kräftig abschmecken.

...dann die berühmte »Ribollita«

❸ Die Brotscheiben auf einem Backblech ausgebreitet im Backofen oder in einer trockenen Pfanne, notfalls auch im Toaster rösten. Dann abwechselnd mit der Suppe in eine große Suppenterrine schichten. Eine halbe Stunde stehen lassen, bis das Brot absolut durchgeweicht, sogar fast aufgelöst ist. Mit der restlichen, in Streifen geschnittenen Petersilie bestreuen.

❹ Man serviert die Suppe also nicht kochend heiß, sondern eher lauwarm. Man isst die *Zuppa di pane* oder *Zuppa di verdura* aus tiefen Tellern und mit dem Löffel, obwohl sie eigentlich kaum Flüssigkeit zum Löffeln bietet. Jeder Gast würzt sich jeden Bissen mit frischem, »rohem« Olivenöl, und wer mag, darf sich auch noch etwas geriebenen Käse darüber streuen.

Ribollita

Zur eigentlichen Ribollita wird die Suppe erst am nächsten Tag. Erst dann nämlich kann man sie *ribollire* – also wieder aufkochen. Das muss vorsichtig geschehen, weil sie natürlich leicht ansetzt, nachdem kaum mehr Flüssigkeit im Topf ist. In der Mikrowelle gelingt es am besten!
Und am übernächsten Tag, wenn das Brot nun wirklich sämtliche Flüssigkeit aufgesogen hat, wird der Rest in einer Pfanne gebraten, und man erhält eine Art dicken, herzhaften Gemüsepfannkuchen. Dies ist tatsächlich eine sehr ungewöhnliche Art, Eintopf zu servieren...

GETRÄNK

Ein junger, fruchtiger Chianti classico! Es muss in diesem Fall keine riserva sein...

Kartoffel-Topf mit Chinakohl und Szechuanpfeffer

Leicht, mit exotischem Duft und ganz schnell, ohne Aufwand zubereitet: Chinakohl in Streifen, mit Zwiebel, Knoblauch, Ingwer. Ein Trick, damit's noch besser schmeckt: Die Gewürze, grob geschroteter Pfeffer und Szechuanpfeffer, werden zunächst in der trockenen Pfanne angeröstet – so entfalten sie ihren Duft viel besser und teilen sich dem Essen aromatischer mit. In den Eintopf gehören außerdem Kartoffeln, Möhren und durchwachsener Schweinebauch, der in Würfeln kross gebraten wird.

ZUTATEN

Für sechs Personen:
2 gehäufte TL Szechuanpfeffer
2 TL weiße Pfefferkörner
10 Pimentbeeren
1 kleines Stückchen Zimt
1/2 TL Korianderbeeren
1/2 TL Salz
1 walnussgroßes Stück Ingwer
2–3 Knoblauchzehen
2–3 Chilischoten
(Schärfe nach Gusto!)
2 EL neutrales Öl
800 g mehlige Kartoffeln
1 große Zwiebel, 2 Möhren
2 Selleriestengel, 1 l Kokossahne
(Tetrapack aus dem Asienshop)
Salz, 1 TL Zucker oder Honig
2 EL Fischsauce, 1 EL Sojasauce
1 EL chinesisches Sesamöl
1 China- oder Spitzkohl
400 g durchwachsener
Schweinebauch

1 Die Gewürze in einer trockenen Pfanne so lange rösten, bis ein betörender Duft der Pfanne entsteigt – dabei immer wieder schwenken und bewegen, damit sie nicht verbrennen. Die Gewürze jetzt im Mörser fein zerreiben, hierbei das Salz zufügen, das hilft, sie besser zu zerreiben.

2 Ingwer und Knoblauch sowie Chilis in einem Suppentopf im heißen Öl andünsten. Kartoffeln, Zwiebel, Möhren und Sellerie in Scheibchen oder Würfel schneiden und zufügen. Kurz andünsten, dann die Kokossahne angießen, mit Salz, Zucker, Gewürzmischung (etwa einen halben Teelöffel für das Fleisch zurückbehalten), Fisch- und Sojasauce sowie Sesamöl würzen. Zugedeckt köcheln, bis die Kartoffeln weich und nahezu aufgelöst sind.

3 Erst jetzt den in feine Streifen geschnittenen Chinakohl unterrühren. Alles noch etwa zehn Minuten leise köcheln.

4 Inzwischen den Schweinebauch in mundgerechte Würfel schneiden und mit der aufbewahrten Gewürzmischung gründlich mischen. Schließlich in einer Pfanne langsam auf allen Seiten knusprig braten.

5 Den Eintopf abschmecken, gegebenenfalls mit Fischsauce und Sojasauce verstärken. In tiefen Tellern anrichten, die knusprig gebratenen Schweinebauchwürfel erst ganz zum Schluss darüber streuen und servieren.

Borschtsch

Der Super-Eintopf, der aus dem Osten kommt – mit Roter Bete, Kohl, Rindfleisch und jeder Menge Zwiebeln. Auch hier spielen Gewürze wieder eine tragende Rolle, die zuvor geröstet und dann mit Salz zermörsert werden. Schon dabei entsteht ein wunderbarer Duft, der sich nachher im Teller wiederfindet. Und zum Schluss rührt man eine ordentliche Portion saure Sahne hinein.

ZUTATEN

Für sechs Personen:

1 kg nicht zu mageres, gutes Rindfleisch zum Kochen, zum Beispiel Brustkern
1 dicker Bund Suppengrün (Wurzelwerk)
2 Zwiebeln
Salz
1/2 TL Pfefferkörner
1 Lorbeerblatt
1 kleiner Weißkohl
3 mittelgroße Knollen Rote Bete (ca. 600 g)
2 weiße Zwiebeln
6 Pimentkörner
2 Wacholderbeeren
1 Gewürznelke
1 TL Kümmel
1/2 TL Pfefferbeeren
1/2 TL Salz
Essig zum Abschmecken
1/4 l saure Sahne
1 Bund Dill zum Bestreuen

1 Am besten bereits am Vortag aus Suppenfleisch, Gemüsen, Salz, Pfefferkörnern und Lorbeerblatt eine kräftige Brühe kochen.

2 Abseihen und abkühlen lassen. Das Fett abheben. Danach das Fleisch von Fett und Flachsen befreien und in der Brühe aufbewahren, damit es schön saftig bleibt.

3 Das abgehobene Fett der Brühe im Suppentopf auslassen, darin den in feine Streifen gehobelten Weißkohl, die ebenfalls in Streifen geschnittenen Roten Beten und die in Ringe geschnittenen Zwiebeln andünsten.

4 Piment, Wacholder, Nelke, Kümmel und Pfefferkörner in der trockenen Pfanne rösten, bis ein intensiver Duft emporsteigt, dann die Gewürze mit dem Salz im Mörser zerreiben und zum Gemüse in den Topf geben. Mit der Brühe auffüllen, knapp eine halbe

Stunde sanft durchkochen, bis die Gemüse gar sind. Die Suppe mit Essig kräftig abschmecken.

5 Das Rindfleisch in Würfel schneiden und in der Suppe erwärmen, alles auf Teller verteilen. Jeweils einen Klacks saure Sahne in die Mitte geben und mit reichlich abgezupften oder klein gehackten Dillblättchen bestreuen.

TIPP

Man kann gut statt Weißkraut Sauerkraut nehmen. Auch prima: Die Brühe mit Salzgurken-Saft (von milchsauer vergorenen Gurken) anreichern!

Aus dem Rest: Herzhafte Sülze

Ein fabelhafter Trick, wenn vom Borschtsch was übrig bleibt – daraus wird eine fabelhafte Sülze: Das Fleisch wird klein gewürfelt, ansonsten wird alles in Suppenteller oder auch nach Belieben in eine kleine Terrinenform gefüllt, die Flüssigkeit mit Gelatine gebunden und darüber gegossen. Am nächsten Tag, wenn alles erstarrt ist, die Tellersülze als Portionssülze servieren beziehungsweise die Terrine aus ihrer Form stürzen. Zusammen mit knusprigen Bratkartoffeln eine herrliche Mahlzeit!

1 Das Fleisch zentimeterklein würfeln, eventuell auch die Gemüseteile noch weiter zerkleinern. Nach Belieben mit winzig gewürfelten Gürkchen (Cornichons), Schalotten und gehackter Petersilie, eventuell Estragon und Dill vermischen. Alles in tiefe Teller verteilen oder in eine kleine Kastenform füllen.

2 Die Brühe abmessen, sehr intensiv abschmecken (vor allem an Säure nicht sparen!), Gelatine schluckt viel Geschmack. Die Brühe erwärmen, die eingeweichte Gelatine darin auflösen – je größer die Form, desto mehr Gelatine ist nötig. Die Zutaten im Teller oder in der Form damit bedecken. Über Nacht abkühlen und erstarren lassen.

ZUTATEN

<u>*Für vier Personen:*</u>
Fleisch und Gemüse vom Borschtsch
pro 1/2 l Restflüssigkeit
3–5 Blatt Gelatine (je nachdem, ob man eine Tellersülze oder eine Sülzenterrine zubereiten möchte)
je 1–2 EL fein gewürfelte Gürkchen, Schalotten, Kräuter sowie Kapern

GETRÄNK

Natürlich ein kühles Pils oder Weißbier.

Ein winterliches Dessert: Chili-Äpfel

Wirklich verblüffend, aber umwerfend gut: im Ofen gebackene Äpfel, die mit Chili geschärft und mit Zucker gesüßt sind. Dazu gehört gut gekühlte steif geschlagene und ungesüßte (!) Sahne, die die Schärfe besänftigt!

1 Die Äpfel quer zum Stiel halbieren, mit der Schnittfläche nach oben in eine mit Öl ausgestrichene feuerfeste Backform setzen. Die Schnittfläche mit Zucker bestreuen, gleichmäßig Chili darüber streuen und schließlich alles mit dem duftenden Öl beträufeln.

2 Bei 200 Grad etwa 15 bis 20 Minuten im vorgeheizten Backofen backen. Sahne aufschlagen, eventuell mit etwas Vanillezucker aromatisieren. Die heißen Äpfel mit der kalten Sahne verspeisen!

TIPP

Man kann zerkleinerte, getrocknete Chilis im Gewürzglas fertig kaufen. Diese sind allerdings für unser Rezept nicht perfekt geeignet. Oft handelt es sich nur um mittelmäßige Qualität; wie alt die Chilis sind, lässt sich aber nicht überprüfen, und um welche Sorte es sich handelt, erst recht nicht. Dabei sollte es sich um eine aromatische Sorte handeln! Kaufen Sie daher im Asienladen ganze getrocknete Chilis, nicht die winzige, fingernagelkleine Sorte, sondern die größere Variante, etwa gut kleinfingerlang. Diese Chilis einfach zwischen den Fingern zerkrümeln oder auch mit einem Messer hacken. Wer zuviel Schärfe fürchtet, entfernt zuvor die Kerne.

GETRÄNK

Eine aromatische, süße aber elegante, säurereiche Riesling-Auslese von Mosel, Saar oder Ruwer. Gut passt auch ein Riesling-Winzersekt.

ZUTATEN

Für vier Personen:

4 Äpfel (Boskoop, Elstar oder Golden Delicious)
3–4 EL Walnuss- oder Erdnussöl
4 EL Zucker
1/2 TL zerkleinerte Chilischoten (getrocknet)
1/2 l süße Sahne

Pfiffige Tapas

Pfiffige Kleinigkeiten: Tapas

Häppchen auf spanische Art: bunt, apart und rundum lecker!

Tapa ist spanisch und heißt Deckel, und im übertragenen Sinne handelt es sich auch um einen: Ein *tapa* ist der Deckel, der auf jedes Glas gehört, damit der Alkohol nicht zu rasch in den Kopf steigt. So lautet jedenfalls die spanische Genussregel. Nie geht man zu Tisch, ohne einen Aperitif, also ein Gläschen Wein oder besser noch Sherry zu sich genommen zu haben. Und nie trinkt man ein Glas ohne den entsprechenden Deckel! Früher nahm man das übrigens wörtlich: Auf einer Brotscheibe wurden kleine Leckerbissen aufs Glas gelegt, um beides gefahrlos von der Bar zum Gast zu befördern.

Ein Tapa kommt selten allein!

In einer spanischen Bar ist meist der Tresen mit Schüsseln und Platten voll gestellt, in denen sich die unterschiedlichsten kleinen Gerichte und delikate Häppchen befinden, häufig sind sogar regelrechte Buffets aufgebaut. Und die Kleinigkeiten sind so verführerisch, dass man nicht damit aufhören kann: Man könnte sich das eigentliche Essen hinterher sparen, wenn man sie alle durchprobiert... Deshalb wollen auch wir hier gleich eine ganze Auswahl von solchen Leckerbissen zubereiten. Man kann sie als Vorspeise genießen, als Imbiss oder kleine Mahlzeit servieren oder auch zu einem Party-Buffet zusammenstellen. In jedem Fall handelt es sich immer um kleine, pfiffige Gerichte, die schnell zubereitet sind, sehr häufig auch um Ideen, wie man aus Resten rasch einen delikaten Happen anrichten kann. Die einfachsten Tapas sind im Handumdrehn aus Zutaten gemacht, die man im Grunde stets im Hause haben kann. So können unverhoffte Gäste – die ja leider nur zu selten wirklich vor der Tür stehen – einen nicht aus der Fassung bringen. Denn schon nach wenigen Augenblicken stehen in kleinen Schälchen bereit: Schinken, hauchdünn geschnitten; Salami in Scheiben; unterschiedlich gewürzte Oliven, grün, schwarz und gefüllt mit Mandeln oder Anchovis; Käse in Würfeln; spanische Paprika in Streifen, gegrillt und geschält, die es fertig im Glas zu kaufen gibt; Weißbrot in Scheiben – all das sind bereits Tapas, wenn auch sehr schlichte, die wirklich absolut nicht die geringste Mühe machen.

Wichtig in jedem Fall ist frisches Brot, aber auch das kann man ja jederzeit in der Tiefkühltruhe vorrätig haben und rasch im Ofen aufbacken. Übrigens: den Ofen dafür nie zu heiß vorheizen, sonst trocknet das Brot aus. Es genügen 140 bis 150 Grad.

Das ideale Sherryglas ist schlank und verjüngt sich nach oben, damit das Bouquet des Weines gebündelt und gezielt zur Nase gerichtet wird.

Diese Tapas sind im Handumdrehn angerichtet, die Zutaten dafür kann man immer im Haus haben: Salami in dünnen Scheiben oder, besser noch, in kleine Würfel geschnitten. Luftgetrockneter Schinken, auf der Aufschnittmaschine hauchfein aufgeschnitten. Oliven – grüne oder schwarze, nur in Olivenöl eingelegt, einfach aus der Lake, wie man sie gekauft hat, oder selber mit verschiedenen Gewürzen eingelegt: zum Beispiel mit gehacktem Knoblauch, glatter Petersilie, roten und grünen Chiliwürfelchen. Sehr pfiffig auch mit fein gewürfelter Zitrone oder Orange (mit Schale, ohne Kerne).

Boquerones
Roh marinierte Sardellen

Sie gehören auf jedes Tapa-Buffet. Gottlob kann man sie inzwischen ohne Schwierigkeiten zubereiten, denn die dazu nötigen, wirklich frischen Sardellen gibt es seit einigen Jahren auch bei uns zu kaufen, entweder frisch im Fischgeschäft oder auch auf dem Markt; sogar tiefgekühlt, und zwar in gar nicht schlechter Qualität, in den Supermärkten (unbedingt sehr langsam, über Nacht im Kühlschrank, auftauen lassen). Manchmal findet man sie übrigens auch bereits eingelegt, im Glas. Sie sind also schon mariniert und brauchen nur noch eine Auffrischung mit frischem Zitronensaft und Olivenöl sowie Kräutern und Knoblauch. Und noch eins: Frische Sardellen leuchten silbern, ihre Augen glänzen und sie duften appetitlich nach Meer. Sollten sie müffeln, lassen Sie sie liegen und hoffen lieber auf bessere Zeiten...

ZUTATEN

Für sechs Personen:
500 g Sardellen
(frisch oder tiefgekühlt)
Salz
2–3 Zitronen
Pfeffer
3 Knoblauchzehen
2–3 Stengel glatte Petersilie
2–3 EL erstklassiges Olivenöl

1. Die Fische waschen, entgräten: Das geschieht ganz einfach, indem man sie am Kopf packt und diesen behutsam über die Bauchseite abzieht; dabei streift man gleichzeitig mit dem Daumen das Rückgrat entlang, das sich dadurch fast von selbst löst, so dass man es mühelos entfernen kann. Bei dieser Prozedur zerteilt sich das Fischchen in zwei Filets, die man gründlich abspült und auf Küchenpapier sorgfältig abtropfen lässt.

2. Die Filets mit der schönen, silbrigen Hautseite nach oben nebeneinander in eine Schüssel ordnen, salzen und mit 2 bis 3 Esslöffeln Zitronensaft beträufeln. Etwa zehn Minuten durchziehen lassen, die Filets verändern jetzt ihr Aussehen: Das glasige Fleisch wird weiß und zugleich fester in der Konsistenz.

3. Den in der Schale entstandenen Saft abgießen, die Filets aus der Mühle pfeffern, mit gehacktem Knoblauch und gehackter Petersilie dekorativ bestreuen, schließlich mit aromatischem Olivenöl beträufeln und mit Zitronensaft nach Geschmack würzen.

Anchoas fritas
Gebackene Sardellen

Zur Abwechslung kann man die frischen Sardellen auch frittieren. Sie sind dann durch und durch knusprig und man kann sie mitsamt Kopf und Schwanz verspeisen. Die Spanier verwenden natürlich Olivenöl zum Frittieren, das sich übrigens wie kein anderes Öl dafür eignet, weil sein Rauchpunkt extrem hoch liegt. Es muss in diesem Fall natürlich nicht die allerfeinste, kaltgepresste Qualität sein, ein neutral raffiniertes Olivenöl (dann steht nur Olivenöl auf der Flasche!) tut es in einem solchen Fall vollkommen. Sie können jedoch auch jedes andere hoch erhitzbare Fett verwenden: neutrales Sonnenblumen- oder Sojaöl, auch Traubenkernöl, sogar Butterschmalz.

1 Die Sardellen waschen beziehungsweise langsam auftauen und sehr gut auf Küchenpapier abtrocknen. Köpfe und Flossen dranlassen. Die Sardellen in Mehl wenden, bis sie hauchfein davon überzogen sind. In einem Sieb alles überschüssige Mehl gründlich abschütteln.

2 Die Fischchen in heißem Öl schwimmend golden ausbacken. Nie zu viele Fischchen auf einmal ins heiße Öl geben, damit es nicht allzu sehr abkühlt.

TIPP

Das Öl ist ausreichend heiß, wenn an einem Holzstäbchen, das Sie hineintauchen, Bläschen emporsteigen.
Die Fischchen in zwei Partien ausbacken: nach zwei Minuten mit einer Schaumkelle herausheben, kurz abtropfen lassen, dann zurück ins aufrauschende Fett geben und eine weitere Minute backen. Jetzt erst werden sie schön braun und knusprig.
Auch die Petersilienblätter ins heiße Fett werfen – Vorsicht: Es kann furchtbar spritzen! Unbedingt mit einem Tuch gut abtrocknen. Fischchen und Petersilienblätter sehr gründlich abtropfen und hübsch auf Küchenpapier anrichten. Jetzt erst salzen und pfeffern.

ZUTATEN

Für sechs Personen:
500 g Sardellen
(frisch oder tiefgekühlt)
Mehl (am besten eignet sich Instant- oder griffiges Mehl)
Öl zum Frittieren
krause Petersilie
Salz, Pfeffer

Atún a la payesa
Thunfischsalat mit Kartoffeln

Es ist zwar »nur« Thunfisch aus der Dose, den man dafür braucht, aber er muss von erstklassiger Qualität sein. Tipp: Am sichersten erkennt man sie, wenn auf der Dose »in Olivenöl eingelegt« vermerkt ist - denn ganz bestimmt wird niemand das teure Öl für miesen Fisch verwenden! Außerdem gehört in diesen Salat, was man in der Küche noch so findet. Alles wird fein gewürfelt, behutsam miteinander gemischt und mit einer Marinade aus Petersilie, Olivenöl und Zitronensaft angemacht.

ZUTATEN

Für sechs Personen:

1 Dose allerbester Thunfisch (siehe oben) von ca. 200 g
3–4 gekochte Kartoffeln
3 Stengel Bleichsellerie
1 große, nicht zu reife Fleischtomate mit grünem Schimmer
1 rote Zwiebel
1 gelbe oder grüne Paprikaschote
2 Knoblauchzehen
3 Stengel glatte Petersilie
Salz, Pfeffer
3 EL Zitronensaft
3–4 EL Olivenöl

1 Den Thunfisch aus der Dose nehmen und in einem Sieb abtropfen lassen (das Öl nur dann zum Anmachen vom Salat nehmen, wenn es wirklich vorzüglich duftet). Inzwischen die übrigen Zutaten vorbereiten:

2 Kartoffeln schälen und würfeln. Selleriestangen wenn nötig entfädeln und schräg in zentimeterbreite Scheibchen schneiden. Die Blätter nur zerzupfen oder grob hacken. Die Tomate (häuten oder nicht – das ist Geschmackssache) würfeln, die Kerne jedoch entfernen. Die Zwiebel ebenfalls würfeln. Die Paprikaschote entkernen, nach Belieben mit einem Sparschäler schälen (ohne die Haut ist Paprika bekömmlicher!) und zentimetergroß würfeln. Den Knoblauch durch eine Presse hinzudrücken, die Petersilienblätter nicht zu fein hacken.

3 Alle diese Zutaten in einer Schüssel mischen, dabei den zerpflückten Thunfisch zufügen. Salzen, pfeffern, mit Zitronensaft und Olivenöl beträufeln und jetzt alles miteinander noch einmal behutsam umwenden.

Gambas al ajillo
Garnelen in Knoblauchöl

Sie sind ein Glanzstück unter den Tapas, schnell gemacht und umwerfend gut: Dafür brauchen wir tiefgekühlte Garnelen – anders können wir ja Garnelen kaum kaufen. Echte Gambas, die Felsengarnelen aus dem Mittelmeer, schon gar nicht. Aber gute asiatische Garnelen tun es auch. Doch sie müssen schonend aufgetaut werden! Hier unser Super-Trick, wie man das macht, damit die Garnelen absolut frisch und knackig schmecken: Mit kochendem Wasser überbrühen, kurz ziehen lassen, dann in einem Sieb gründlich kalt abbrausen und im Sieb für eine halbe Stunde in den Kühlschrank stellen, damit die Meeresfrüchte Biss bekommen. Für dieses Rezept sollten die Garnelen übrigens roh, geschält und möglichst nicht zu groß sein.

ZUTATEN

Für sechs Personen:
500 g Garnelen
1/4 l Olivenöl
4 Knoblauchzehen
3–4 getrocknete kleine Chilischoten
Salz, Pfeffer

1. Die Garnelen wie links beschrieben behandeln.
2. Das Olivenöl in einem flachen Topf erhitzen, Knoblauchzehen, längs halbiert oder geviertelt, und Chilischoten, grob zerkrümelt, darin kurz ziehen lassen, damit sie ihren Geschmack dem Öl mitteilen.
3. Die gründlich abgetupften und gut getrockneten Garnelen zufügen und auf stärkstem Feuer ein bis zwei Minuten aufbrausen lassen. Dabei verbinden sich die Säfte der Garnelen und ihr austretendes Eiweiß mit dem Öl und emulgieren zu einer geradezu cremigen Flüssigkeit. Salzen und pfeffern. Im selben Topf kochend heiß, noch brodelnd, servieren!
4. Man fischt sich die Garnelen mit einem Zahnstocher aus dem noch brodelnden Öl und isst sie mit einem Stück Weißbrot.

TIPP

In Spanien werden diese Garnelen für jeden Gast frisch zubereitet, und zwar in kleinen irdenen Portionspfännchen, die feuerfest sind und daher problemlos auf der Gasflamme verwendet werden können. Damit man sich beim Essen nicht an der silbernen oder Metallgabel verbrennt, reicht man eine hölzerne Gabel dazu.

Gambas a la plancha
Garnelen von der Grillplatte

Eine solche Plancha ist ein wunderbares Küchenutensil: eine große Platte aus Edelstahl, manchmal auch aus Gusseisen, die von Gasflammen oder Elektroschlangen beheizt wird und auf der man braten kann wie in einer riesigen Pfanne. Der direkte Kontakt mit der glatten, sehr heißen Fläche lässt die Zutaten rasch garen, die Poren schließen sich umgehend, die übergroße Hitze sorgt für einen karamellisierenden Effekt, den man schmeckt. In Spanien findet man solche Planchas in fast jeder Bar, in jeder Restaurantküche. Auch bei uns haben längst viele Köche ihre Vorzüge entdeckt und sich eine Plancha eingebaut. Sogar für Haushaltsküchen sind sie inzwischen zu haben und für eine schnelle, flexible Küche ideal.

Die Garnelen mit ihrer Schale auf der heißen Ofenplatte ganz kurz auf beiden Seiten braten, dabei mit Olivenöl, Salz, Pfeffer, gehacktem Knoblauch und Petersilie würzen.

TIPP

Natürlich kann man die Garnelen auch in einer großen, schweren Pfanne braten. Allerdings muss man sie zuvor leer stark erhitzen – damit auch tatsächlich die hohe Temperatur erreicht werden kann. Sie muss einfach mit Olivenöl benetzt werden, bevor die Zutaten aufgelegt werden, die dann in Sekundenschnelle gar sind.
Man kann übrigens auf einer solchen Plancha auch mit anderen Zutaten spielen, so eignen sich zum Beispiel auch Muscheln wunderbar, die man nebeneinander auf die heiße Fläche legt. Aufpassen, dass kein Saft ausläuft, wenn sie sich öffnen! Gut schmecken auch Gemüse: etwa Scheiben von Zucchini, Auberginen, Kartoffeln.

ZUTATEN

Pro Person:
2–3 Garnelen
(roh, aber diesmal mit Schale)
Olivenöl zum Befeuchten
der Bratplatte
grobes Salz
Pfeffer
Knoblauch
Petersilie

Allioli
Herzhafte Knoblauchmayonnaise

Sie ist schnell gemacht – wir dürfen sie übrigens noch mit Eigelb zubereiten, in Spanien bekommt man meist, aus Angst vor Salmonellen, ein Kunstprodukt, in dem nur noch Eipulver verwendet wird. Übrigens kann man eine Allioli tatsächlich auch ganz ohne Ei herstellen, der Knoblauch sorgt allein schon für eine innige Bindung.

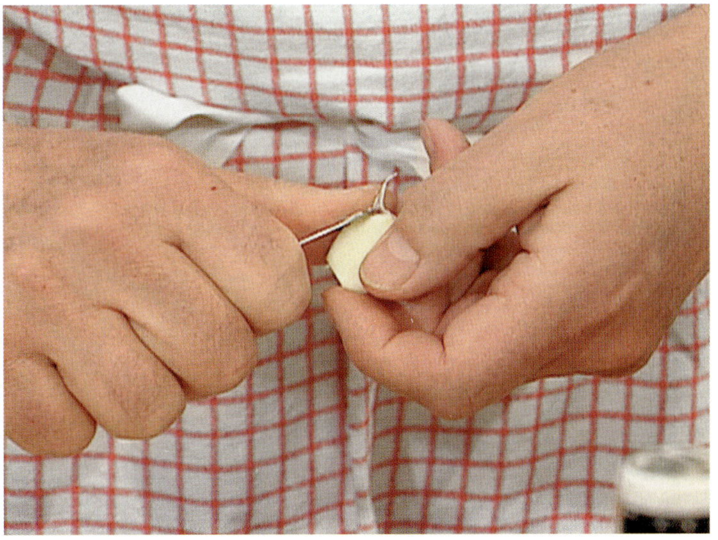

Dip-Sauce

Sie darf auf keinem Tapa-Buffet fehlen, denn sie passt immer: zu gebackenem oder gegrilltem Fisch, zu den Muscheln, natürlich zu den auf der Plancha gebratenen oder auch zu einfach gekochten Gemüsen. Oder zum Weißbrot, auf das man sie sich streichen kann.

ZUTATEN

Für sechs Personen:
1 Eigelb
6 Knoblauchzehen
Salz, Pfeffer
150 g Olivenöl
Zitronensaft
Cayennepfeffer, wenn man mag

Alle Zutaten sollten die gleiche, möglichst Zimmertemperatur haben, sonst besteht die Gefahr, dass die Bindung nicht glückt und die Sauce gerinnt: Eigelb, Knoblauch, Salz und Pfeffer in einen Mixbecher füllen, mit dem Stabmixer oder in der Küchenmaschine cremig aufschlagen, dabei nach und nach das Olivenöl hinzufließen lassen, bis die Sauce dick und steif geworden ist. Mit Zitronensaft abschmecken, eventuell auch mit einem Hauch Cayennepfeffer würzen.

Ensalada de tomates
Tomatensalat

Es versteht sich, dass man hierfür aromatische Tomaten verwendet. Am besten Strauchtomaten – die inzwischen auch in Holland mit sehr kräftigem Duft und Aroma gezüchtet und unter den Markennamen »Rote Perle« oder »Tasty Tom« vermarktet werden.

Tapas mit Gemüse

Die Bandbreite ist groß, kein Gemüse, aus dem sich nicht irgendein hübsches Häppchen zaubern lässt. Das kann ein einfacher Salat mit Tomaten sein, die in dünnen Scheiben dachziegelartig auf einem Teller angeordnet sind, mit gewürfelter Zwiebel, Knoblauch, Petersilie bestreut und mit gutem Olivenöl beträufelt. Und obenauf einige Sardellen. Wichtig: deren beste Qualität! Hier gilt das Gleiche wie beim Thunfisch – siehe Seite 28.

ZUTATEN

Für sechs Personen:

3–6 feste Tomaten (nach Größe)
Pfeffer, Salz
2 Knoblauchzehen
1 milde Zwiebel oder Schalotte
3 Stengel glatte Petersilie
3–4 EL Olivenöl
6–12 Sardellen (Anchovis)

1 Die Tomaten nach Belieben häuten. Dafür zuvor mit kochendem Wasser überbrühen, kurz ziehen lassen, dann abgießen und richtig abkühlen. Ruhig ein paar Eiswürfel ins Kühlwasser geben, damit die heißen Früchte das Wasser nicht allzu sehr erwärmen – die Kälte stabilisiert die rote Farbe und stoppt den Garprozess!

2 Die Tomaten in Scheiben schneiden und dachziegelartig auf einer Platte anordnen, kräftig aus der Mühle pfeffern, aber sparsam salzen.

3 Knoblauch durch die Presse drücken, mit der fein gewürfelten Zwiebel, der gehackten Petersilie und dem Olivenöl mischen und über die Tomaten verteilen. Zum Schluss die abgetropften Anchovis dekorativ auf den Tomaten verteilen.

Cogollos con anchoas
Salatherzen mit Sardellen

Cogollos sind eine neue Salatzüchtung, die vor allem aus Spanien auf unsere Märkte gelangt: Urvater der kleinen, kaum mehr als faustgroßen Köpfchen ist nicht etwa der Kopfsalat, sondern der Romana. Deshalb sind die sehr festfleischigen, knackigen Blätter so knusprig. Sie sind geschmackvoll und wunderbar im Biss. Man hat kaum Abfall, und die Köpfchen halten sich im Kühlschrank einige Tage phantastisch frisch.
Sie behalten ihre charakteristische Knackigkeit lange. Bei Köpfen, die bis zu ihrer Verwendung zu lange gewartet haben, werden die Blattrippen hohl und wattig – man muss sie dann herausschneiden, die Blätter selbst lassen sich jedoch noch verwenden.

Die Salatherzen putzen, waschen, längs vierteln und auf einer Platte wie kleine Schiffchen anrichten. Die Anchovis darauf ebenso dekorativ wie gerecht verteilen. Den Knoblauch durch die Presse drücken und mit dem Öl vermischen. Über die Salatherzen träufeln und servieren.

ZUTATEN

Für vier Personen:
4 kleine Salatherzen
100 g erstklassige Anchovis
Knoblauch nach Geschmack
3–4 EL Olivenöl

Remolacha
Marinierte Rote Bete

Rote Bete kann man ja inzwischen überall im Gemüseregal bereits gekocht und vakuumverpackt finden. Sie wird übrigens nicht im Wasser gekocht, sondern in Ofenhitze gebacken. Dadurch bekommt das Wurzelfleisch einen intensiveren, geradezu karamellisierten Geschmack. Wer das zu Hause nachahmen will, packt die Knollen einzeln in Alufolie (glänzende, also reflektierende Seite nach innen!) und bäckt die Roten Beten im 200 Grad heißen Backofen, etwa eine Stunde. Die Knollen müssen sich leicht mit einer Nadel oder einem Grillstäbchen durchstechen lassen. Man braucht die Knollen dann nur noch zu pellen, in dünne Scheiben zu hobeln und mit einer würzigen Marinade anzumachen.

ZUTATEN

Für sechs Personen:

500 g gekochte Rote Bete
1 rote Zwiebel
1 EL Honig
3 EL Sherry-Essig
2 Knoblauchzehen
2 Pimentbeeren
6 Pfefferbeeren
Salz
4 EL Olivenöl

1 Die Rote Bete pellen und auf dem Gurkenhobel oder auf der Aufschnittmaschine in dünne Scheiben schneiden. Auch die Zwiebel in feine Ringe hobeln.

2 Für die Marinade den Honig im Sherry-Essig auflösen – dafür in der Mikrowelle oder in einem Töpfchen erwärmen. Den Knoblauch durch die Presse hinzudrücken. Piment und Pfefferkörner mit Salz im Mörser zermahlen oder mit einem Fleischklopfer zertrümmern und mit dem Olivenöl in die Marinade rühren.

3 Die Rote Bete und Zwiebeln damit anmachen und einige Minuten durchziehen lassen. Vor dem Servieren unbedingt noch einmal abschmecken und womöglich Süße, Säure und Salz nachlegen.

Champiñones al Jerez
Champignons in Sherry

Ein beliebter Tapa-Klassiker: Halbierte oder geviertelte frische Champignons werden mit gehackter Zwiebel und Knoblauch in Olivenöl angedünstet, mit Sherry aufgefüllt und einige Minuten geköchelt. Sie schmecken warm, aber ebenso gut auch kalt, sie lassen sich gut vorbereiten und vertragen es glänzend, in Schraubgläsern sterilisiert zu werden. Das Gleiche lässt sich mit kleinen Zwiebeln machen, mit den flachen Gemüsezwiebelchen oder mit Schalotten. Unbedingt mit Chili würzen!

1 Die Pilze putzen: nur waschen, wenn nötig und dann sehr rasch abbrausen; auf keinen Fall im Wasser liegen lassen – sie saugen sich sonst voll wie ein Schwamm. Dann die Pilze halbieren, große Exemplare auch vierteln. Mit Zitronensaft beträufeln und einreiben, damit sie schön hell bleiben.

2 Zwiebel und Knoblauch sehr fein würfeln und in einem flachen, breiten Topf im heißen Öl andünsten. Chili dazugeben. Die Pilze zufügen und gut fünf Minuten mitbraten, dabei salzen und pfeffern. Mit Sherry ablöschen und noch weitere fünf Minuten köcheln. Zum Schluss die gehackte Petersilie unterrühren.

ZUTATEN

Für sechs Personen:

500 g frische Champignons
2 EL Zitronensaft
1 Zwiebel
2 Knoblauchzehen
2 EL Olivenöl
Salz
Pfeffer
1 Chilischote (getrocknet oder frisch)
1 Glas (5 cl) Sherry (Amontillado)
Petersilie

Croquetas
Kartoffelbällchen

Selbst so etwas vergleichsweise Simples kann als Tapa pfiffig sein! Ideal ist dafür übrig gebliebenes Kartoffelpüree: Das wird mit gewürfeltem Schinken oder Wurst, mit Käsewürfeln und mit Kräutern vermischt, zu Bällchen geformt, in verquirltem Ei und in Semmelbröseln gewendet und schließlich in heißem Öl schwimmend knusprig ausgebacken. Auf Zahnstocher gespießt, verspeist man sie pur oder mit unserer Dip-Sauce, der Allioli von Seite 31.

1 Kartoffelpüree ist nach einem Tag abgebunden und sehr steif. Mit dem Käse, dem ebenfalls in kleine Würfel geschnittenen Schinken und der gehackten Petersilie mischen und mit Salz und Pfeffer abschmecken.

2 Aus der Masse zwischen angefeuchteten Handflächen walnussgroße Bällchen formen. Diese zuerst durch verkleppertes Ei ziehen, das mit Salz und Pfeffer gewürzt ist, dann in Semmelbröseln wenden, bis die Bällchen rundum davon überzogen sind.

3 Die Bällchen portionsweise in heißem Öl schwimmend ausbacken. Gut abtropfen, auf Küchenpapier rundum abtupfen und noch warm servieren.

TIPP

Frisch gekochtes Kartoffelpüree ist normalerweise zu weich, weil die Stärke noch nicht abgebunden hat. Deshalb ist es dann sehr wichtig, die heiß durchgedrückten Kartoffeln nur mit ganz wenig Milch anzufeuchten.

ZUTATEN

Für sechs Personen:

500 g Kartoffelpüree vom Vortag (siehe Tipp)
50 g Käse in kleinen Würfeln
50 g gekochter Schinken in dünnen Scheiben
3 Stengel glatte Petersilie
Salz
Pfeffer
1 Ei
100 g Semmelbrösel
Öl zum Ausbacken

Ein typisch spanisches Dessert: Crema catalana

Eine wundervolle, schmelzend zarte Vanillecreme, die vor dem Servieren mit Karamell überkrustet wird. Die spanische Version der in Frankreich beliebten Crème brulée oder der in England geschätzten Burned cream.

ZUTATEN

Für sechs Personen:
1/4 l Milch
1/4 l Sahne
1 Vanillestange
1/2 Zimtstange
100 g Zucker
2 ganze Eier
2 Eigelb
außerdem:
6 EL brauner Rohrzucker

1 Milch und Sahne aufkochen, Vanille- und Zimtstange darin neben dem Feuer zehn Minuten ziehen lassen. Die Vanillestange herausfischen, längs aufschlitzen, das Mark herauskratzen und in die Sahnemilch rühren. Die Zimtstange entfernen. Die Hälfte des Zuckers in der heißen Sahnemilch auflösen.

2 Eier und Eigelb in einer Schüssel mit dem Schneebesen dick und cremig schlagen, dabei den restlichen Zucker zufügen. Erst wenn kein Zucker mehr knirscht, die Sahnemilch kochend heiß langsam unter ständigem Schlagen hinzugießen. Schließlich alles zurück in den Topf gießen und, weiterhin ständig rührend – inzwischen besser mit einem Holzlöffel –, auf mittlerem Feuer erhitzen und einmal aufwallen, aber auf keinen Fall richtig kochen lassen, weil sonst die Eigelb gerinnen. Die Creme hat die richtige Konsistenz, wenn sie den Holzlöffel dick überzieht.

3 Den Topf sofort vom Feuer ziehen und, um sicherzugehen, dass die Creme jetzt unverzüglich abkühlt, den Topf in kaltes Wasser stellen. Weiterrühren, bis die Gefahr vorüber ist, dass die Creme doch noch gerinnt.

4 Die Masse in Portionsförmchen verteilen. Abkühlen lassen, dann mit Klarsichtfolie zudecken. Die Töpfchen im Kühlschrank bis zum Servieren kalt stellen.

5 Für die Karamellschicht den Rohrzucker – als hauchdünne Schicht! – auf der Oberfläche eines jeden Förmchens verteilen. Entweder unter dem glühend heißen Grill oder mithilfe eines Campingbrenners zum Schmelzen bringen. Das muss schnell gehen, damit sich die eiskalte Creme im Förmchen nicht erwärmt. Denn das Verblüffende an der Creme ist ja der Kontrast zwischen kühler Creme und heißem Karamell!

Der passende Begleiter: Sherry

Sherry ist ein durchaus besonderer Wein, einer, der immer passt: ob zum Aperitif, zum Essen oder hinterher. Er wird aus den Trauben der weißen Palomino-Rebe produziert, die in einem genau abgezirkelten Gebiet in der Südwestecke Spaniens wächst und nirgendwo sonst. Rund um die Stadt Jerez, der das Getränk übrigens auch seinen Namen verdankt: Die Engländer, die schon früh große Mengen dieses Weines aus Jerez importierten, verballhornten das spanische Wort zum für englische Zungen leichter auszusprechenden Sherry.

Der Wein aus dieser Rebe wird in zwei ganz unterschiedlichen Geschmacksrichtungen ausgebaut: zu einem hellen, absolut trockenen Fino oder zum dunklen, weichen, körperreicheren Oloroso. Zu welchem dieser beiden Typen sich der Wein entwickelt, das bestimmt nicht der Kellermeister, das ist jeweils dem so genannten »Wunder von Jerez« zu danken. Denn derselbe Most aus dieser einzigen Traubensorte, aus derselben Lage, demselben Boden, am selben Tag gelesen, kann sich nach der Gärung in den jeweiligen Fässern zu einem völlig unterschiedlichen Wein entwickeln. Es wird entweder ein heller Fino daraus, der sich nach längerem Lagern und Reifen zum Amontillado, voller im Geschmack, ein wenig dunkler und höher im Alkohol entwickelt, oder eben ein Oloroso, ein alkoholreicherer, üppigerer Wein von dunkler goldener bis brauner Farbe.

In allen Fällen handelt es sich um einen knochentrockenen Wein, den man jedoch für den Verkauf auf den Verbrauchergeschmack einstellt und mithilfe von etwas Süßwein abmildert. So sind die meisten Amontillados und Olorosos, die man bei uns kaufen kann, mild bis richtig süß. Ein jeder

muss sich also seine bevorzugte Geschmacksrichtung aussuchen.

Wie Sherry entsteht

Der zu Wein vergorene Most wird in Holzfässer gefüllt, nach vier bis sechs Wochen kann der Kellermeister ihn klassifizieren und beurteilen, wie er sich entwickeln wird, ob zu einem Fino oder zu einem Oloroso. Nach weiteren zwei Monaten haben sich die Trubstoffe und Hefen gesetzt, der Wein wird abgezogen und in saubere Fässer umgefüllt. Dabei wird Alkohol (natürlich ebenfalls aus dem Wein der Palomino-Traube destilliert) zugesetzt, um die Finos auf 15 Volumenprozent zu heben, die Olorosos auf ungefähr 18 Volumenprozent.

Erst jetzt beginnt die mindestens dreijährige Reifezeit in dem für den Sherry typischen Solerasystem: Die Spanier nennen das den Wein in die *criadera*, in die Kinderschule, schicken. Die Weine, die in Fässern auf drei Etagen übereinander liegen, werden nämlich ab jetzt jedes Jahr zum Teil miteinander vermischt, verschnitten, wie das der Kellermeister nennt: Aus dem untersten

Fass wird ein Drittel des in einer mindestens dreijährigen Entwicklungszeit fertig gereiften Weines entnommen, gefiltert, in Flaschen gefüllt und verkauft. Diese fehlende Menge wird aus dem darüber liegenden Fass des nächstjüngeren Jahrgangs wieder ersetzt, und so fort – das kann sich Jahrzehnte hinziehen, es gibt Soleras von Anfang des 19. Jahrhunderts.

Durch das Verschneiden junger Weine mit älteren entsteht ein unvergleichliches Aroma. Man kann sagen, die Jugend bekommt dadurch ein wenig von der Weisheit des Alters; dafür nimmt sie dem Alter die Gebrechlichkeit – das ist wie im richtigen Leben. Und das erklärt auch die enormen Preisunterschiede beim Sherry: Einfache Sherrys, die nur eine kurze *crianza*, also Kinderschule durchlaufen haben, können nicht so viel Weisheit mitkriegen; während sorgfältige Erziehung und

jahrelange Pflege natürlich bezahlt sein will.

Aber jetzt genug der Theorie: Ein jeder muss selbst herausfinden, welcher Sherry-Typ ihm am besten schmeckt – wir stoßen an, mit trockenem Fino und ebenfalls trockenem Oloroso. Es ist übrigens gar nicht so einfach, eine schöne Auswahl von guten Sherrys zu finden. Man muss sich auf alle Fälle in eine gute Weinhandlung bemühen. Oder man bezieht sie direkt vom Importeur. Dann kann man auch sicher sein, frisch abgefüllte Sherrys zu bekommen, denen noch der ganze Schmelz innewohnt, und keine müden, oxidierten Ladenhüter. Adressen einiger Importeure finden Sie im Anhang.

Die unterschiedlichen Sherry-Typen lassen sich mühelos an ihrer Farbe erkennen: ganz hell ist der junge Fino, der durch eine geschlossene Hefeschicht im Fass an der Oberfläche vor Luft und dadurch vor Oxidation bewahrt wurde. Sobald beim Lagern diese Hefeschicht verschwindet, der Wein im Fass mit Luft in Kontakt kommt, beginnt er zu dunkeln: Ein Amontillado (Glas in der Mitte) ist ein gereifter Fino. Ganz dunkel färbt sich der Oloroso, dem von Anfang an der schützende Hefeflor an der Oberfläche fehlt.

Kartoffelaufläufe

Kartoffelaufläufe

Aufläufe & Gratins: brodelnd heiß und frisch aus dem Ofen!

Auf einen Auflauf sollten die Gäste immer schon warten: Brodelnd heiß, appetitlich gebräunt und herrlich duftend muss er auf den Tisch kommen! Topflappen nicht vergessen und – ganz wichtig! – für einen ordentlichen, hitzebeständigen Untersatz sorgen, damit Tisch und Tischtuch nicht leiden...

Kartoffeln sind Moritz' Lieblingsgemüse, behauptet er – in irgendeiner Form wünscht er sie sich jeden Tag auf den Tisch! Und wenn er Kartoffeln schon nicht als Salat serviert bekommt (ein Tag ohne Kartoffelsalat, so seine stete Rede, ist in seinen Augen kulinarisch gesehen ein verlorener Tag, und als Salat isst er ohnehin praktisch jedes Gemüse am liebsten!), dann will er sie wenigstens in irgendeiner anderen tragenden Rolle sehen. Und in der Tat: Man kann ja wirklich mit kaum einem Gemüse auch nur annähernd so viel anfangen wie mit Kartoffeln... Ja, richtig! Kartoffeln sind Gemüse, nicht nur öde Sättigungsbeilage, wie leider immer noch viele glauben.

Deshalb also Kartoffelaufläufe, diese wunderbaren Gerichte, die jeder mag und die so herrlich praktisch sind: Man kann alles bequem vorbereiten und in die Form schichten, die muss dann nur noch zum richtigen Moment in den Ofen geschoben werden, und schon können die Gäste kommen.

Den Auflauf in die richtige Form gebracht

Es versteht sich, dass man für Aufläufe eine geeignete Form braucht. Aus feuerfestem Material, Keramik, Porzellan, Jenaer Glas, auch Gusseisen oder einem anderen Metall. Es empfehlen sich für die verschiedenen Auflaufarten auch unterschiedliche Formen sowie diverse Größen: die flachen Formen, rund, eckig, meist aber oval, nimmt man für das klassische Gratin, bei dem nur wenige Schichten übereinander gefüllt

werden, die dafür eine größere Oberfläche bieten. Das ist vor allem erwünscht, wenn die Oberfläche schön knusprig werden soll. Für Aufläufe, bei denen man viele Zutaten übereinander schichtet, nimmt man lieber eine hohe Form, meist rund und mit einem Durchmesser von 22 bis 24 Zentimetern, je nach Anzahl der Gäste. Natürlich kann man Aufläufe auch in einem dickwandigen Bräter zubereiten, aus Gusseisen oder anderem stabilen Metall, das die Hitze nicht nur gut weitergibt, sondern auch speichert. Und: Die Töpfe sollten über ofenfeste Griffe verfügen! Für bestimmte Aufläufe sind auch die kleinen Portionsförmchen geeignet, zum Beispiel für ein Soufflé.

Vorsicht heiß!

Entsprechende Untersetzer, auf denen man den Auflauf ofenheiß auf den Tisch stellen kann, sind unerlässlich: Aus Kork kann man dicke Ringe im Laborbedarf kaufen, die praktisch und schön sind. Holzbrettchen eignen sich auch gut. Oder Ofenkacheln, die isolierend wirken. Und die Topflappen sollten tatsächlich ausreichend schützen und nicht aus lauter Luftmaschen bestehen...

Aufläufe – das ideale Versteck für Reste

Es klingt immer so gar nicht anregend, eher abschreckend, wenn man von Resten in der Küche spricht. Dabei gibt es doch kaum etwas Praktischeres: Wenn man die »Reste« sozusagen bereits bei der vorherigen Mahlzeit einplant, also ein paar Kartoffeln mehr kocht als man überhaupt aufessen kann, auch von anderem Gemüse ruhig die doppelte Menge zubereitet, ist man fein raus. Und beim Sonntags- oder Festtagsbraten sollte ja ohnehin stets etwas übrig bleiben, denn kleine Braten geraten nie so wohlschmeckend und saftig wie ein großes, stattliches Bratenstück, sie trocknen eher aus! All diese Zutaten (Reste!?) ergeben einen fabelhaften Auflauf: einfach in Scheiben oder Würfel schneiden, miteinander mischen und in einer Auflaufform verteilen, würzen, mit Brühe, Wein oder Sahne auffüllen und backen, bis alles heiß ist und duftet. Geriebener Käse bringt pikanten Geschmack und, wenn man ihn obenauf streut, eine schöne Kruste. Auch geriebene Semmelbrösel, vermischt mit durchgepresstem Knoblauch und gehackten Kräutern, eventuell gemahlenen Nüssen, sorgen für eine ebenso dekorative wie schützende und obendrein wohlschmeckende Kruste. Verquirlte Eier schaffen eine innige Verbindung zwischen den einzelnen Bestandteilen.
Sobald alles in die Form gefüllt ist, hat man keine Mühe mehr damit: nichts als ab in den Ofen. Wenn es in der Form brodelt und die Oberfläche appetitlich braun

geworden ist, kann man servieren. Und als Gastgeber kann man sicher sein: Auflauf liebt jeder!

Ein Wort zum Käse zum Überbacken

Da kann man nahezu alles verwenden, was der Kühlschrank hergibt. Selbst Käse»reste« sind höchst willkommen, aber natürlich bitte nur, wenn es sich um Rohmilchkäse handelt! Vertrocknete, vielleicht sogar vom Käseschimmel befallene Stücke muss man wegschneiden, wie die Rinde auch, dann kann man den Käse wunderbar weiter verwenden. Ihn würfeln, raspeln oder reiben und zwischen die Zutaten verteilen. Achtung bei der Käsekruste: Damit sie nicht austrocknet, erst für die letzten zehn Minuten im Ofen den Käse auf der Oberfläche verteilen. Zur Sicherheit auch ein paar Butterflöckchen obenauf setzen, die den Käse vor dem Verbrennen schützen.
Welche Sorte Sie nehmen, hängt vom eigenen Gusto, den Vorräten, natürlich auch vom Charakter des Auflaufs ab. Schnittkäse lassen sich gut würfeln, Hartkäse besser reiben und Weichkäse – gleich, ob es Weißschimmelkäse ist (wie Brie oder Camembert) oder die würzigeren Rotschmierkäse (wie Reblochon oder Munster) – schneidet man eher in Scheiben. Übrigens: Käserinde gehört immer abgeschnitten und weggeworfen! Sie diente dem Käse als Schutz, ist eigentlich nicht zum Verzehr gedacht!

Kartoffelgratin

Es ist der Klassiker unter den Aufläufen, ein immer wieder beliebtes Gericht, als wunderbare Beilage zum Lamm oder zu allem Kurzgebratenen, das keine eigene Sauce mit sich bringt, aber auch durchaus, zusammen mit einem Salat, ein ganzes Essen – mal ganz ohne Fleisch, mit dem wir doch überhaupt sparsamer umgehen wollen. Wie sinnvoll das ist, haben wir ja leider erst seit BSE begriffen! Aber es ist ja nie zu spät, klüger zu werden. Wobei sich die Sparsamkeit bitte nur auf die Häufigkeit der Fleischmahlzeiten beziehen möge, beim Fleisch selbst sollte man jedwede Großzügigkeit spielen lassen. Nur wenn der Bauer das nötige Geld bekommt, kann er die Tiere auch wirklich artgerecht aufziehen und anständig füttern!
Für Kartoffelgratin zeigen wir auf den folgenden Seiten ein klassisches Grundrezept und liefern dann auch gleich ein paar Ideen für pfiffige Variationen.

Gratin Dauphinois

Man braucht dafür eine fest kochende Kartoffelsorte, damit die Scheiben sich in der heißen Sahne nicht auflösen, sondern noch ihre Form behalten. Die Kartoffeln werden in Scheiben gehobelt und in einer flachen Auflaufform verteilt. Geriebener Käse wird dazwischen verteilt, und natürlich muss man herzhaft würzen! Schließlich wird mit Milch und Sahne aufgefüllt und der Auflauf langsam gebacken, bis alles brodelt und duftet.

ZUTATEN

Für vier bis sechs Personen:

1 kg Kartoffeln
(Selma oder Sieglinde)
Butter für die Form
und für Flöckchen
100 g geriebener Käse
(Gruyère oder ein anderer
Bergkäse)
Salz, Pfeffer
Muskat
1 Knoblauchzehe
1/2 l Milch
1/4 l süße Sahne

1 Die Kartoffeln schälen, in 3 mm starke Scheiben hobeln (also nicht zu dünn!). In einer dick mit Butter ausgestrichenen, flachen Auflaufform verteilen, dabei den geriebenen Käse dazwischen verteilen und darauf achten, dass vor allem die Oberfläche ein hübsches Muster erhält: Die Scheiben sollten möglichst akkurat übereinander lappen. Jede Schicht salzen – nicht zu großzügig, denn der Käse ist schon ziemlich salzig, aber mutig mit Pfeffer, auch mit Muskat und dem durch die Presse gedrückten Knoblauch würzen.

2 Milch und Sahne einfüllen, sie sollten bis knapp unter die Oberfläche reichen. Dabei muss die Form so bemessen sein, dass die Flüssigkeit beim Backen aufsteigen und brodeln kann, ohne überzukochen!

3 Die Oberfläche mit Butterflöckchen besetzen. Die Form in den auf 200 Grad vorgeheizten Ofen schieben, den Auflauf etwa 70 bis 80 Minuten backen, bis der Auflauf brodelt, die Oberfläche sich appetitlich golden färbt und man die Kartoffelscheiben leicht mit der Messerspitze durchstechen kann. Sollte gegen Ende der Garzeit die Oberfläche zu dunkel geraten, ein Blatt Alufolie darüber breiten.

Kartoffel-Lauch-Gratin

Es sieht nicht nur hübsch aus, sondern schmeckt einfach umwerfend gut! Und es macht als Hauptgericht, etwa zusammen mit einem Salat, eine ebenso gute Figur wie als Beilage, zum Beispiel zu Kurzgebratenem, also zu einem Steak, zum Schnitzel oder zu knusprig gegrillten Lammkoteletts. Übrigens kann man diesen Auflauf auch gut mit gekochten Kartoffeln zubereiten, aus Pellkartoffeln, die zum Beispiel vom Vortag übrig geblieben sind. Denn der Lauch braucht ja nicht lange, um gar zu werden. Und bis der Auflauf durch und durch heiß ist und brodelt, sind auch die Lauchringe schmelzend zart.

ZUTATEN

Für vier bis sechs Personen:
600 g Kartoffeln
500 g Lauch
Butter für die Form und Flöckchen
250 g Weichkäse, zum Beispiel Brie oder Camembert
1/2 TL weiße Pfefferkörner
5 Pimentbeeren
Salz
ein Hauch Cayennepfeffer
1/2 l Milch
1/4 l Sahne

1 Die Kartoffeln schälen und in 3 mm starke Scheiben hobeln. Den Lauch putzen, längs aufschlitzen und unter fließendem Wasser gründlich ausspülen. Quer in Streifen schneiden.

2 Eine Schicht Kartoffelscheiben und Lauchringe in eine dick ausgebutterte Form füllen, dann den entrindeten Käse in Würfeln oder Scheiben darauf verteilen. Schließlich restlichen Lauch und Kartoffeln einschichten, am Ende darauf achten, dass die Kartoffelscheiben eine hübsche Oberfläche bilden, indem sie dicht an dicht übereinander liegen. Und natürlich das Würzen nicht vergessen – dazu Pfeffer und Piment mit Salz im Mörser zerstoßen.

3 Milch und Sahne über den Auflauf gießen – die Oberfläche sollte gerade eben von Flüssigkeit umspielt sein. Butterflöckchen obenauf setzen. Den Auflauf bei 200 Grad 70 bis 80 Minuten backen.

Kartoffel-Möhren-Gratin

Hier werden die Kartoffelscheiben abwechselnd mit gleich starken Möhrenscheiben eingeschichtet. Gewürzt wird mit etwas Kreuzkümmel, der sorgt für einen exotischen Duft.

1 Die Kartoffeln und Möhren mit dem Sparschäler schälen, auf dem Hobel in 3 mm starke Scheiben hobeln. In einer feuerfesten, dick ausgebutterten Form mit den Gewürzen mischen, dann die Scheiben so verteilen, dass sie ein hübsches Muster ergeben. Schön ist es, wenn die Oberfläche abwechselnd Möhren- und Kartoffelscheiben zeigt, die einander überlappen.

2 Milch und Sahne über die Gemüsescheiben gießen – die Oberfläche sollte gerade eben von der Flüssigkeit erreicht werden. Mit Butterflöckchen besetzen, bei 200 Grad im vorgeheizten Ofen knapp 90 Minuten backen.

ZUTATEN

Für vier bis sechs Personen:

800 g Kartoffeln
600 g Möhren
Salz
Butter für die Form und für Flöckchen
Pfeffer
1/2 TL gemahlener Kreuzkümmel
eventuell 1 EL getrockneter Majoran
1/2 l Milch
300 g Sahne

Überbackene Roquefort-Kartoffeln

Die Kartoffeln zum Überbacken, die jetzt im ausgehenden Winter zu kaufen sind, sind stärkereicher als die jungen Kartoffeln aus der ersten Ernte im Sommer, deshalb eignen sie sich für Aufläufe besonders gut. Sogar fest kochende Sorten, wie zum Beispiel Selma oder Sieglinde, verschmelzen dann schön mit der Flüssigkeit, in der sie gegart werden, und machen sie angenehm sämig – selbst wenn sie nicht in Scheiben geschnitten werden, wie zum Beispiel bei diesem Rezept, das übrigens wieder völlig ohne Fleisch auskommt. Suchen Sie Kartoffeln von mittlerer (möglichst gleicher) Größe aus.

1 Die Kartoffeln schälen und unzerteilt in Salzwasser gar kochen. Abgießen und etwas ausdampfen lassen. Nebeneinander in eine flache, feuerfeste, ausgebutterte Form setzen und mit einer Palette etwas flach drücken, so dass die Kartoffeln an der Seite

etwas aufspringen – dadurch können sie nachher den Käse und die Sahne besser aufnehmen.

2 Die gequetschten Kartoffeln mit Pfeffer aus der Mühle und mit Muskat kräftig würzen. Den Käse zerkrümeln und zwischen den Kartoffeln verteilen. Die Crème fraîche mit dem in Röllchen geschnittenen Schnittlauch verrühren und gleichmäßig über die Kartoffeln verteilen. Bei 200 Grad etwa fünf bis zehn Minuten im Ofen backen, bis der Käse schmilzt und sich mit dem Rahm verbindet, alles brodelt und zarte, braune Spitzen zeigt.

Beilage: Dazu passt ein Salat, zum Beispiel in feine Streifen geschnittener Zuckerhut, der mit seinem bitteren Geschmack einen guten Widerpart zum üppigen Auflauf bietet.

ZUTATEN

Für vier bis sechs Personen:
1 kg Kartoffeln, Salz
Butter für die Form
Pfeffer, Muskat
250 g Roquefort (Blauschimmelkäse)
250 g Crème fraîche
Schnittlauch

GETRÄNK

Ein fruchtiger, aber gewichtiger Weißwein wäre hierzu gut, zum Beispiel aus dem Mâconnais oder von den Côtes-du-Rhône. Wir haben dazu einen kraftvollen Riesling aus dem Elsass getrunken, die Cuvée Théo von der Domaine Weinbach in Kaysersberg, der mit seiner leichten Süße bestens dazu harmonierte!

Kartoffelauflauf mit Lamm

Das gehört zu Martinas Lieblingsgerichten der Kindheit: »Unten Fleisch, oben Kartoffeln«, hieß das in ihrer Familie, und es war das Gericht, das man sich zum Geburtstag wünschte! Eine Schicht würziges, mit viel Zwiebeln und Knoblauch angebratenes Lammhack, obendrauf eine dicke Schicht duftiges Kartoffelpüree – im Ofen gebacken, bis die Oberfläche schön golden geworden ist und es in der Auflaufform brodelt. Dann haben sich die Gewürze und Düfte miteinander vermischt und intensiviert. Mit einem Salat, der für Erfrischung sorgt, ein wunderbares Essen! Lammhack bieten die guten Metzger inzwischen fast so selbstverständlich an wie früher Rinderhackfleisch. Wenn Ihr Metzger noch nicht so weit ist: Gehen Sie zum türkischen Metzger, bei ihm gibt es gar nichts anderes!

ZUTATEN

Für vier bis sechs Personen:

Püree:
1 kg Kartoffeln
Salz
1/4 l Milch
2 EL Butter
Muskat, Pfeffer

Lammragout:
1 große Zwiebel
2 EL Olivenöl
2–3 Knoblauchzehen
500 g durchgedrehtes Lammfleisch (Schulter oder Keule)
2 Thymianzweige
1 Rosmarinzweig
Salz, Pfeffer
100 g passiertes Tomatenfleisch (selbst gemacht oder fertig gekauft)
1 Glas Rotwein
1 Bund Petersilie

Außerdem:
Butter für die Form und für Flöckchen

1 Die Kartoffeln schälen, in Salzwasser weich kochen, abgießen und etwas ausdampfen lassen. Die Milch dazugießen und aufkochen, mit dem Kartoffelstampfer zu einem glatten Püree zerstampfen. Mit dem Schneebesen die Butter unterrühren, dabei das Püree mit Salz, Pfeffer und Muskat abschmecken.

2 Für das Ragout die Zwiebel fein würfeln und in einem flachen Topf im heißen Öl weich

dünsten, ohne sie zu bräunen. Den Knoblauch durch die Presse hinzufügen. Schließlich das Lammhack in die Pfanne geben, jetzt die Hitze verstärken und das Hackfleisch braten, bis es krümelig wird. Dabei ständig rühren, damit alle Fleischkrümel rösten. Thymian und Rosmarin mitrösten, das Fleisch mit Salz und Pfeffer würzen.

3 Das Tomatenpüree angießen, auch den Wein. Schmurgeln lassen, bis sich alles zu einer duftenden, homogenen Sauce verbunden hat. Kräftig abschmecken! Zum Schluss die fein gehackte Petersilie einrühren.

4 Eine Auflaufform mit Butter ausstreichen, das Lammragout einfüllen. Darüber das Kartoffelpüree verteilen und glatt streichen. Die Oberfläche mit Butterflöckchen besetzen.

5 Die Form in den 200 Grad heißen Ofen schieben, den Auflauf etwa 20 Minuten backen.

Beilage: Dazu unbedingt eine große Schüssel mit grünem Salat servieren.

TIPP

Man kann statt des Pürees auch Kartoffelscheiben verwenden: dünn gehobelt, je eine Schicht als Boden und eine Schicht als Deckel. Dann allerdings muss der Auflauf länger, bis zu 90 Minuten backen.

GETRÄNK

Am besten trinkt man dazu den Rotwein, den man auch fürs Ragout verwendet. Wir haben einen im kleinen Holzfass ausgebauten, würzigen Cabernet Sauvignon aus Chile gewählt, der uns dazu hervorragend geschmeckt hat.

Kartoffelsoufflé

Klingt sehr fein, und so schmeckt es auch; aber gottlob ist es durchaus nicht so schwierig zuzubereiten wie man glaubt.
Ein solches Soufflé ist ein fabelhaftes Mittag- oder Abendessen. Dann bereitet man es am besten in einer großen Souffléform zu – von ca. 22 bis 24 Zentimetern Durchmesser und mit den für eine Auflaufform typischen geraden Wänden. Als feine Vorspeise sind besser Portionsförmchen geeignet; wer keine hat, nimmt einfach Tassen.

ZUTATEN

Für vier bis sechs Personen:
500 g Kartoffeln
(mehlige Sorte)
Salz, 70 g Butter
100 g gekochter Schinken
(in Scheiben von 4 mm Stärke)
1 Bund Schnittlauch
Pfeffer, Muskat
Cayennepfeffer
4 Eier (getrennt)

Lauchsauce:
2 Stangen Lauch (400 g)
2 EL Butter
1/4 l Gemüse- oder
Hühnerbrühe
2 EL Crème fraîche
Salz, Pfeffer
Muskatblüte (Macis)
1 Spritzer Worcestershiresauce
1/2 TL Rosenpaprika
Zitronensaft

1 Die Kartoffeln schälen, halbieren oder vierteln, in Salzwasser gar kochen. Sehr gut abgießen und abtropfen, etwas ausdampfen lassen. Durch eine Presse in eine Arbeitsschüssel drücken. Die Butter in Stückchen mit einem Rührlöffel einarbeiten – zwei Esslöffel zum Ausbuttern der Förmchen oder der Form beiseite tun.

2 Den Schinken in Würfel schneiden, den Schnittlauch in Röllchen. Beides unter die Kartoffelmasse rühren, mit Salz, Pfeffer, Muskat und einem Hauch Cayennepfeffer würzen. Die Eigelb in die immer noch heiße Masse rühren. Schließlich den steif geschlagenen Eischnee behutsam unterziehen. Wichtig: Der Schnee darf nicht wolkig wirken, sondern soll eher eine Konsistenz wie Salbe haben, damit er die Kartoffelmasse gut auflockern kann.

3 Die Kartoffelmasse in Portionsförmchen oder in eine große Souffléform (22 bis 24 cm Durchmesser) verteilen, die zuvor dick ausgebuttert wurden. Im 170 Grad heißen Ofen etwa 15 bis 20 (Portionsförmchen) beziehungsweise 25 bis 30 Minuten backen.

4 Für die Lauchsauce die Lauchstangen putzen. Welke, unschöne Blätter entfernen, die Stangen längs aufschlitzen und unter fließendem Wasser ausspülen. Vom dunkelgrünen Teil feine Streifen schneiden, in etwas Butter andünsten, herausheben und beiseite stellen – die braucht man beim Anrichten zum Garnieren.

5 Das Weiße und zart Hellgrüne der Lauchstange in feine Streifen schneiden, in der restlichen Butter andünsten, mit Brühe und Sahne auffüllen. Köcheln, bis der Lauch weich ist, und mit Salz, Pfeffer und Muskatblüte, vor allem mit einem Schuss Worcestershiresauce, mit Paprikapulver und mit Zitronensaft herzhaft abschmecken!

6 Für eine elegante Vorspeise verteilt man auf den Teller einen Klecks von Lauchsauce, den so genannten Spiegel, in dessen Mitte man das aus dem Förmchen gelöste Kartoffelsoufflé setzt. Mit den beiseite gestellten dunkelgrünen Lauchringen hübsch garnieren.

TIPP

Keine Angst, das Kartoffelsoufflé ist stabil genug, man kann es zum Servieren aus den kleinen Portionsförmchen mühelos auslösen. Wichtig ist jedoch in beiden Fällen, dass die Formen gründlich und sorgfältig ausgebuttert wurden. Um zusätzlich sicher zu gehen, kann man die Förmchen außerdem mit Semmelbröseln ausstreuen: Einen Löffel einfüllen, dann die Förmchen drehen und wenden, bis sie rundum gleichmäßig von einem hauchdünnen Bröselfilm überzogen sind. Überschüssige Brösel aus der Form kippen.

GETRÄNK

Ein runder, harmonischer Weißburgunder – vom Kaiserstuhl oder aus dem Kraichgau.

Bauernkartoffeln

Ein herzhafter Auflauf, der ganz von der Qualität seiner Zutaten lebt. Der Speck muss wirklich erstklassig sein, sein Rauchgeschmack darf nicht zu aufdringlich und stark vorherrschen. Die Scheiben dürfen nicht zu dick sein, sondern höchstens zwei Millimeter stark. Sie sollten sich der Form des Bräters gut anschmiegen. Der Bräter, der Topf oder die Auflaufform können klassisch rund sein, gut ist jedoch auch eine eckige Auflaufform geeignet, dann bleiben beim Auslegen mit dem Speck keine Zwischenräume. Sollten Sie einen flachen Bratentopf verwenden, darauf achten, dass die Griffe hitzebeständig sind und im Ofen nicht leiden. Man kann alles bequem vorbereiten: Die geraffelten Kartoffeln und Zwiebeln sowie fein gewürfelten Speck und Käse einfüllen (am liebsten ein Rotschmierkäse, wie Reblochon oder Munster) und mit reichlich Kümmel würzen – denn Kümmel sorgt für die Bekömmlichkeit! Man braucht den Topf nur noch rechtzeitig in den Ofen schieben.

ZUTATEN

Für vier bis sechs Personen:
350 g durchwachsener Bauchspeck in dünnen Scheiben
1 kg Kartoffeln, 500 g Zwiebeln
450 g Reblochon oder Munsterkäse, 1 EL Kümmel
Pfeffer, Salz, ca. 1/2 l Gemüse- oder Geflügelbrühe

1 Eine runde Auflaufform so mit Speckscheiben auslegen, dass sie den Boden dicht nebeneinander liegend bedecken, über den Rand der Form hinausreichen und so weit über den oberen Rand hinweg stehen, dass man sie nachher über der Füllung zusammenschlagen kann.

2 Die Kartoffeln schälen und auf der Rohkostreibe grob raffeln,

die Zwiebeln ebenfalls raffeln. Beides miteinander mischen und zunächst eine Schicht davon in die Form verteilen, sie salzen, pfeffern und mit Scheiben vom Käse abdecken – diesen unbedingt entrinden! Den Käse mit Kümmel würzen, eine weitere Schicht Kartoffel-Zwiebel-Gemisch einfüllen, würzen und mit Käse bedecken. Mit dem Rest der Kartoffeln und Zwiebeln zudecken.

3 Alles schön glatt streichen und schließlich die Speckscheiben so darüber zusammenfalten, dass nichts von den Kartoffeln mehr herausschaut. Behutsam die Brühe angießen. Sie darf auf keinen Fall über die Oberfläche hinausreichen, sie sollte höchstens bis zwei Zentimeter unterhalb stehen.

4 Die Form in den 220 Grad heißen Ofen stellen, den Auflauf eine gute Stunde backen, bis der Speck knusprig geworden ist. Jetzt sollte keine Flüssigkeit mehr sichtbar sein, sondern alles aufgesogen und verkocht.

5 Die Form aus dem Ofen holen und die Bauernkartoffeln gleich zu Tisch bringen.

TIPP

Natürlich gehört zu diesem Auflauf zur Erfrischung eine große Schüssel Salat. Am besten schmeckt ein Endiviensalat oder auch ein Frisée (krause Endivie) mit einer herzhaften Marinade aus reichlich sehr fein gewürfelter Zwiebel, einem Esslöffel scharfem Senf, doppelt so viel Weißweinessig und drei Esslöffeln erstklassigen Olivenöls. Mit einer Gabel cremig aufschlagen, mit Salz und Pfeffer würzen und den in zentimeterbreite Streifen geschnittenen Salat damit anmachen.

GETRÄNK

Als Wein entweder einen Gewürztraminer aus dem Elsass, wenn man einen Munsterkäse verwendet hat, oder einen kraftvollen Weißwein aus den Savoyen (zum Beispiel ein Apremont), sofern man einen Reblochon im Auflauf verarbeitet hat, servieren. Oder auch einfach ein kühles Bier.

Brathähnchen

Zaubern mit Hähnchen

Ein Brathähnchen: toll, was man damit alles machen kann!

Wir kaufen lieber das ganze Huhn als die einzelnen Teile – selbst, wenn wir es nur ganz selten im Ganzen braten: Man hat einfach mehr davon! Nicht nur das Fleisch von der Brust oder den Schenkeln, das sich gut zum Kurz- oder Schnellbraten eignet, sondern auch die ganze Karkasse, die Haut und, wenn man Glück hat, sogar noch die Innereien (siehe Tipp Seite 61).
Die Brust bereiten wir am liebsten im Wok chinesisch zu. Die Schenkel mit ihren Sehnen und dem festeren Fleisch sollte man eher schmoren, damit sie zart und saftig werden. Aus ihnen entsteht ein Ragout oder ein würziges Curry. Die Flügel schmecken am besten gegrillt. Und aus der Haut machen wir erst einmal knusprige Kruspeln. Die schmecken wunderbar, wenn man sie über einen Salat streut. Selbst das ausgebratene Fett wird verwendet, zum Beispiel zum Anbraten – das gibt einen herrlich intensiven Geschmack!

Das Schnittmuster, wie man das Hähnchen zerlegt

Man zerteilt ein Hähnchen stets in acht Teile. Am einfachsten gelingt das nach folgendem Grundschnittmuster: Zunächst werden die Schenkel abgetrennt – sie dafür einfach vom Körper wegziehen, dann kugelt das »Hüft«-Gelenk schon von ganz allein aus, und die beiden Stücke lassen sich leicht auseinander drehen. Der Schenkel wird noch einmal geteilt, nämlich im »Knie«-Gelenk in Keule und Oberschenkel zerschnitten.
Die Brust lässt sich ganz leicht mit einem Messer vom Knochen lösen. Dazu fährt man zunächst das Brustbein entlang und schabt dann das zarte Fleisch einfach vom Knochen ab. Das Brustfleisch verwendet man zum Kurzbraten in der Pfanne oder zum chinesischen Pfannenrühren im Wok. In Frankreich lässt man gern ein Stück vom Flügel dran – so dass ein elegantes Portionsstück entsteht, das auch nach dem Braten in Form bleibt. Das ist auch deshalb empfehlenswert, weil am Knochen gebratenes Fleisch stets saftiger bleibt und besser schmeckt. Übrigens: Wissenschaftler haben herausgefunden, dass das Brustfleisch weit mehr Vitalstoffe, also Vitamine und Mineralien enthält als das Fleisch aus der Keule!
Die Flügel werden ebenfalls abgetrennt – sie sind, mariniert und gegrillt, ein hübscher Bissen zum Aus-der-Hand-essen als Partysnack oder Aperitifhappen.
Bleibt schließlich die Karkasse. Sie wird mit Wurzelwerk und Gewürzen in einen Topf gefüllt, mit Wasser bedeckt und zugedeckt langsam zwei, drei Stunden zur Brühe ausgekocht.
Verstehen Sie jetzt, warum wir all die Teile, die wir jetzt einzeln verwenden, nicht auch einzeln kaufen? Wir wollen weder auf die Brühe noch auf das würzige Hühnerfett oder gar auf die Innereien verzichten. Man hat eben einfach viel mehr davon!

Einkaufstipps

Achten Sie unbedingt darauf, dass Sie Geflügel kaufen, das artgerecht aufgezogen wurde, mit Platz zum Herumlaufen, mög-

lichst natürlich im Freien, und mit anständigem Futter – vielleicht haben Sie Glück und auf Ihrem Markt bietet ein besonnener Züchter solche Freiland-Hähnchen an. Bei französischen Hähnchen, die unter dem Etikett *Label Rouge* angeboten werden, und bei den feinen Bresse-Poularden kann man sich dessen sicher sein. Für deutsche Hähnchen gibt es solcherlei Vorschriften leider nicht. Da muss man sich den Züchter seines Vertrauens suchen beziehungsweise einen Laden mit entsprechendem Angebot. Unter den Bezugsadressen im Anhang finden Sie eine Adresse, unter der man gutes Geflügel per Versand beziehen kann.
Es ist klar, dass solche Hähnchen ein bisschen teurer sind als die übliche (Tiefkühl-)Massenware – aber lieber seltener davon essen, dafür mit größerem Genuss und mit mehr Sicherheit! Schließlich sollten wir doch aus der BSE-Krise lernen, dass man für anständige Lebensmittel auch anständiges Geld bezahlen muss!

Hähnchenfleisch: bekömmlich und gesund

Das äußerst eiweißreiche, zarte Fleisch verträgt unser Organismus besonders gut, kann es leicht aufschließen und verwerten. Hähnchenfleisch steckt voller Mineralien, Spurenelemente und andere Vitalstoffn und ist dafür erfreulich kalorienarm. Ca. 105 Kalorien (440 Kilojoule) pro 100 Gramm rechnet man beim Brustfleisch, bis zu etwa 140 Kalorien (580 Kilojoule) bei den fettreicheren Keulen und Schenkelteilen.

Hähnchen oder Hühnchen?

Wir haben uns angewöhnt, stets vom Hähnchen zu sprechen, ohne Ansehen des Geschlechts des Tieres. Bei den so genannten Brathähnchen kommt es darauf auch gar nicht an. Sie sind jung, ca. sieben bis acht Wochen alt, und befinden sich also noch vor der Geschlechtsreife. Sie wiegen zwischen 700 und knapp 1200 Gramm. Lässt man sie zwei bis vier Wochen älter werden, legen sie bis zu einem Pfund mehr an Gewicht zu – noch immer trennt man jedoch nicht die Tiere nach ihrem Geschlecht. Bis zu einem Gewicht von ca. 1500 Gramm nennt man sie Poularden, auch wenn es sich dabei um ein männliches Hähnchen handeln kann. Zur Erinnerung: Früher nannte man so ausschließlich weibliche Hühner, die man kastriert hatte, damit sie mehr Fett ansetzen. Das männliche Gegenstück, also ein kastrierter Hahn, der übrigens gut mehr als das Doppelte an Gewicht auf die Waage bringt, der Kapaun, ist leider sehr rar geworden. Sobald die Hühner Eier legen können, werden die männlichen Exemplare aussortiert. Diese Junghähne sind dann bis zu einem halben Jahr alt und wiegen ca. 1600 Gramm. Ihr Fleisch ist reifer, daher auch geschmackvoller, ihre festeren Knochen ergeben eine kräftigere Brühe.

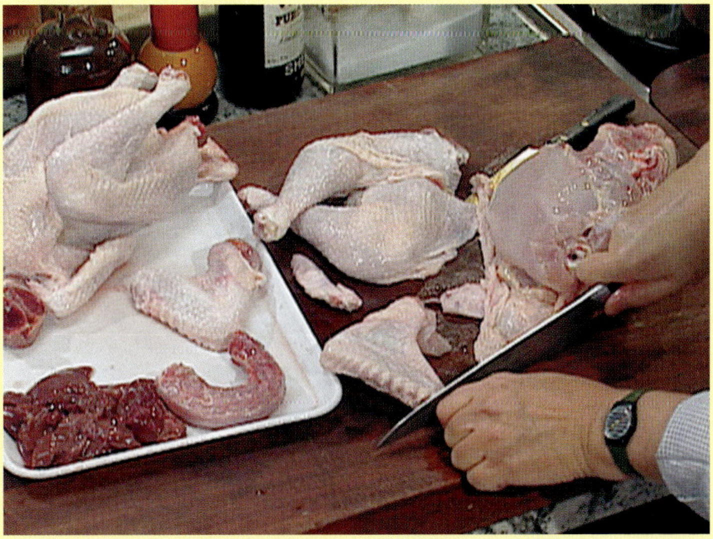

Vorspeisensalat mit Hähnchenleber und Kruspeln

So ein Salat ist schnell gemacht, sieht pfiffig aus und ist eine hübsche Vorspeise! Wenn man eine größere Portion davon serviert, ist er sogar ein ganzer, gehaltvoller Imbiss!

ZUTATEN

Für vier Personen:
4 Hand voll Salatblätter: Kopfsalatherzen, Rauke, Feldsalatröschen, Frisée, Radicchio
2 milde Schalotten
4 Champignonköpfe
1 kleine Gärtnergurke
frische Kräuter: glatte Petersilie, Kerbel, Schnittlauch
außerdem:
die abgelöste Brusthaut eines Brathähnchens
3–4 schöne Hähnchenlebern
Salz, Pfeffer
abgeriebene Orangenschale
2 EL Madeira
Marinade:
Salz, Pfeffer
2 EL Sherry-Essig
2 EL Rapsöl
1 EL Haselnussöl

1 Die Salatblätter putzen, zerzupfen und in einer Schüssel mit den übrigen vorbereiteten Salatzutaten mischen: in feine Ringe gehobelte Schalotten, die ebenfalls sehr fein geschnittenen

Champignons und die in dünne Scheiben geschnittene Gurke. Die Kräuterblätter von den Stielen zupfen und dazwischen verteilen. Den Schnittlauch dafür in Röllchen schneiden.

2 Die Hähnchenhaut in kleine Würfel schneiden. Dafür ist ein sehr scharfes Messer nötig, denn die Haut hat eine unglaublich stabile Textur.

3 Die Würfel in einer Pfanne langsam ausbraten. Sobald sie knusprig sind, mit einer Schaumkelle herausheben und auf Küchenkrepp abtropfen lassen. Das Bratfett bis auf einen Esslöffel in ein Schüsselchen abgießen – für spätere Verwendung kalt stellen!

4 Die Hähnchenlebern putzen, Sehnen und Häute entfernen, dann im verbliebenen Fett rasch auf allen Seiten anbraten, bis sie steif geworden sind. Erst dann salzen und pfeffern, mit etwas Orangenschale parfumieren und schließlich mit Madeira beträufeln. Drehen und wenden, bis der Madeira so stark eingekocht ist, dass er die Lebern wie eine Glasur umhüllt.

5 Die Zutaten für die Marinade verrühren und über die Salatzutaten gießen. Behutsam mischen, auf vier Teller verteilen. Die Lebern schräg aufschneiden und erst unmittelbar vor dem Servieren dekorativ auf dem Salat anrichten. Alles mit den Hautkruspeln bestreuen.

Beilage: Dazu frisch aufgebackenes Weißbrot servieren!

TIPP

Die Sache mit den Innereien ist schwierig geworden, nur wenn man das Hähnchen beim Bauern kauft, findet man im Inneren noch Leber, Magen, Herz und Hals, wie das früher üblich war. Das hat auch damit zu tun, dass die Innereien noch empfindlicher sind als das Hähnchenfleisch. Deshalb werden die Lebern und Mägen im Allgemeinen separat verkauft. Ein guter Geflügelhändler bietet sie auch in guter Qualität an – und nur dann sind sie ein Genuss! Die beste Qualität kann man mit bloßem Auge erkennen: Je heller und straffer die Lebern, desto sicherer kann man sein, dass das Huhn ordentlich mit Körnern und Grünzeug gefüttert wurde.

GETRÄNK

Ein frischer, kraftvoller Weißwein – etwa einen Weißburgunder vom Kaiserstuhl.

Hühnersuppe

Es lohnt sich, die Zutaten für eine solche Suppe sogar eigens beim Geflügelhändler zu kaufen. Der Suppentopf stört nicht weiter auf der Herdplatte und nach ein paar Stunden ist das Ergebnis ein großes Vergnügen: golden, mit einigen Fettaugen und von intensivem Geschmack. Was nicht sofort verspeist wird, lässt sich wunderbar einfrieren.

1 Die Knochen zerhacken und in einen Topf füllen. Auch Hals, Magen und Herz zufügen. Von Möhre, Lauch, Zwiebel und Sellerie längs auf dem Gemüsehobel jeweils zwei Esslöffel voll feiner Streifen schneiden und beiseite legen. Den Rest grob zerkleinern und in den Suppentopf zur Karkasse füllen. Ebenso die Gewürze zufügen, die Petersilienstiele (Blätter abzupfen und beiseite legen), die zerdrückte Tomate, das Stück Zitronenschale und die Pilze. Alles mit Wasser bedecken, den Topfdeckel auflegen und etwa zwei, drei Stunden leise köcheln lassen.

2 Die fertige Brühe durch ein Sieb filtern, zurück in den Topf geben und die beiseite gelegten Gemüsestreifen darin in zwei Minuten knapp gar kochen.

3 Das Fleisch des Halses von den Knöchelchen lösen, Magen und Herz putzen und in feine Scheibchen schneiden und ebenfalls in die Suppe rühren. Noch einmal abschmecken, gehackte Petersilie einrühren, nach Belieben sogar gekochte Fadennudeln – fertig ist eine fabelhafte Suppe, geradezu nebenbei entstanden.

ZUTATEN

Für vier Personen:
Karkasse eines Brathähnchens (wenn vorhanden auch Hals, Magen und Herz)
1 Möhre, 1 Lauchstange
1 Zwiebel, 1 Stück Sellerie (oder 2 Selleriestangen)
2 Lorbeerblätter
1/2 TL Pfefferkörner
Salz, Petersilienstengel
1 Tomate
1 Stück Zitronenschale
ein paar Champignons

Hähnchenbrust auf chinesische Art

Eine Art Grundrezept, das im Prinzip mit allen möglichen Zutaten variiert werden kann: Mit anderen Fleischsorten und mit unterschiedlichen Gemüsen lässt sich eine Vielzahl von Gerichten nach immer derselben Methode zubereiten.

ZUTATEN

Für vier Personen:
300 g ausgelöstes Hähnchenfleisch, 1 TL Stärke
2 EL geschmacksneutrales Öl
1 EL Sesamöl
je 1 EL gehackter Ingwer, Knoblauch und Schalotte
1–2 Chilischoten (frisch oder getrocknet)
Salz, Pfeffer, Zucker
insgesamt 300 g Gemüse (Lauch, Blumenkohl, Zuckerschoten, Zucchini, Minimaiskölbchen – was der Markt alles anbietet, es kann auch eine Mischung sein)
50 g geschälte Mandeln
1 EL Austernsauce
1 EL Sojasauce, 2 EL Sherry
2 EL Brühe, Koriandergrün

1 Das Fleisch in zentimetergroße Würfel, in dünne Scheiben oder in Streifen schneiden, mit Stärke gründlich einreiben. Im Wok das Öl (beide Sorten mischen) erhitzen, bis es raucht, die Fleischwürfel zufügen und unter Rühren rundum anbraten. Sofort die Hälfte von Ingwer,

Knoblauch und Schalotte zufügen, auch die Chilischoten (frische würfeln, getrocknete zerkrümeln – wer nicht zu viel Schärfe wünscht, entkernt die Schoten vorher!). Eine Minute unter Rühren anbraten, dabei salzen und mit Pfeffer und Zucker würzen. Das Fleisch herausheben und warm stellen.

2 Im verbliebenen Fett nacheinander die Gemüse (nach Garzeit: zuerst, was am längsten braucht) unter Rühren braten. Sofort salzen, damit alles seine Farbe behält, pfeffern und mit Zucker würzen. Auch die Mandeln mitbraten.

3 Schließlich Austernsauce, Sojasauce, Sherry und Brühe angießen. Aufkochen, das Fleisch wieder zufügen. Alles auf starkem Feuer mischen, abschmecken und mit Koriandergrün servieren.

Beilage: Dazu passt duftiger weißer Reis.

GETRÄNK

Wir lieben zu pfannengerührten Gerichten aromatische, nicht zu säurereiche, aber auch nicht süße Weißweine – etwa einen früh gelesenen Muskateller Kabinett vom Kaiserstuhl oder einen würzigen Riesling von der Nahe oder aus Ürzig/Mosel.

Hähnchenbrust Wiener Art mit Paprikabutter

Diese Zubereitung auf europäische Art dauert – wenn auch nur einen Moment – länger, als die chinesische Version von der Seite zuvor. Hierfür kann man, wie auf Seite 58 beschrieben, der Brust das Flügelstück lassen. Das Knochenstück hilft, das Fleisch saftig zu halten. Gebraten wird übrigens in einer Mischung aus Butter und Öl oder auch in aromatischem Hühnerfett (das wir ja nur gewinnen, wenn wir die Haut knusprig ausbraten – siehe Seite 60 oder 66!).

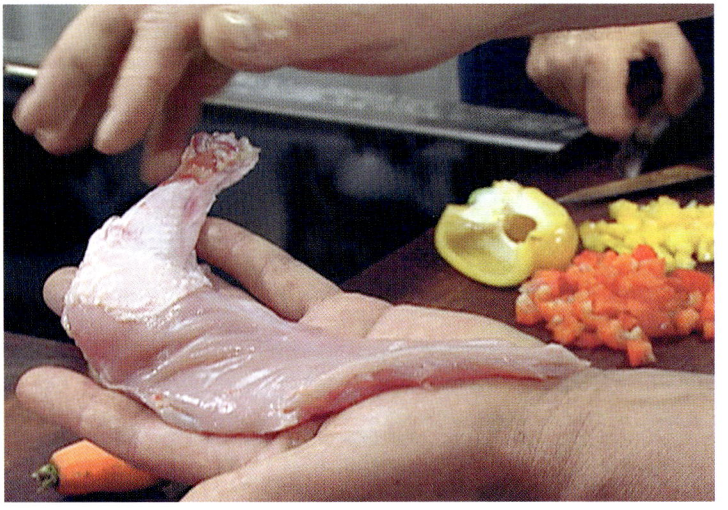

ZUTATEN

Für vier Personen:
4 Hähnchenbrüste (mit einem Stück vom Flügelknochen)
2 EL Butter und 1 EL Öl oder 3 EL Hühnerfett
Salz, Pfeffer
je 1 rote und gelbe Paprikaschote
1 TL Delikatess-Paprikapulver
1 Schuss Weißwein
50 g frische Butter
etwas abgeriebene Schale einer unbehandelten Orange
Schnittlauch

1 Die Hähnchenbruststücke im heißen Butter-Öl-Gemisch oder, besser noch, in Hühnerfett zuerst bei starker Hitze auf beiden Seiten jeweils etwa zwei Minuten braten, dabei rundum mit Salz und Pfeffer würzen. Dann die Hitze reduzieren und die Fleischstücke bei sanfter Hitze zugedeckt etwa fünf Minuten durchgaren lassen.

2 Inzwischen die Paprikaschoten mit einem Sparschäler häuten, entkernen und in Würfel oder Rauten schneiden. Neben den Hühnerbruststücken in die Pfanne geben und eine Minute mitdünsten lassen.

3 Die Hähnchenteile herausheben und auf einem Teller zu-

gedeckt warm stellen. Das Paprikapulver im Bratenfett andünsten – es darf nicht geröstet werden, sonst wird es bitter. Den Bratensatz mit etwas Weißwein ablöschen und einkochen, die frische Butter in Flöckchen einschwenken. Mit Paprika und Orangenschale abschmecken.

4 Zum Servieren die Bruststücke auf Tellern anrichten und mit Sauce überziehen, die Paprikawürfel rundum verteilen, Schnittlauchröllchen darüber streuen.

Beilage: Dazu schmecken Nockerln, Spätzle oder schmale Bandnudeln.

GETRÄNK

Ideal wäre entweder ein Morillon aus der Südsteiermark (so heißt dort der Chardonnay) oder ein sehr kräftiger Grüner Veltliner, etwa ein Smaragd aus der Wachau oder eine wuchtige, vielleicht auch eine im Holzfass ausgebaute Variante aus dem Kamptal (Niederösterreich). Gut würde auch ein Tokai beziehungsweise Pinot Gris aus dem Elsass oder ein Grauer Burgunder aus Südbaden passen.

Hähnchenschenkel: Thaicurry mit Auberginen

Hähnchenschenkel

Sie haben eine längere Garzeit, eignen sich deshalb besser zum Schmoren. Dafür liefern wir zwei Ideen, einmal hier eine asiatische und auf der nächsten Doppelseite wieder eine europäische Variante.

So ein Curry ist erfreulich schnell gemacht: Zuerst die Sauce ansetzen, mit Currypaste, Kokosmilch, den entsprechenden Gewürzen und mit Auberginen. Die Schenkel werden nicht nur in Ober- und Unterschenkel geteilt, sondern jeweils noch ein- bis zweimal (je nach Größe) in kleinere Stücke gehackt. Sie ziehen in der Currysauce langsam gar – zum Schluss kommen noch frische Thaikräuter hinein.

1 Die Haut der Hühnerstücke abziehen, entweder im Suppentopf auskochen oder in kleine Würfel schneiden und langsam in einer Pfanne auslassen, bis wundervoll knusprige Kruspeln entstanden sind. Auf Küchenpapier abtropfen. Das Fett zum Kochen verwenden – es schmeckt sehr aromatisch!

2 Für das Curry die Schenkel zuerst in Ober- und Unterschenkel teilen, dann jedes Stück quer mit dem Küchenbeil noch einmal durchtrennen, so dass bissengroße Stücke entstehen. Mit Zitronensaft einreiben.

ZUTATEN

Für vier Personen:
je 2 Hühnerschenkel (Ober- und Unterschenkel)
Zitronensaft
gut 1/4 l Kokossahne
1–2 EL rote Currypaste
1 TL Zucker
2 EL Fischsauce
je 1 TL fein gehackter Ingwer, Knoblauch und Zitronengras
1 Aubergine
3–4 Zitronenblätter
3–4 frische rote Chilis (wer zu viel Schärfe fürchtet, nimmt die größeren, milden!)
Thaibasilikum

3 Die Kokossahne in einem Topf aufkochen, Currypaste, Zucker und Fischsauce sowie Ingwer, Knoblauch und Zitronengras einrühren. Fünf Minuten köcheln, bis eine angenehm dicke, rote, sehr aromatische Sauce entstanden ist.

4 Die Hühnerstücke zufügen und in dieser würzigen Sauce sanft eine halbe Stunde schmurgeln, bis sie gar sind. Auch die Auberginen in zwei Zentimeter große Würfel schneiden und mitköcheln lassen.

5 Zum Schluss die Zitronenblätter in haarfeine Streifen schneiden, die Chilis entkernen und winzig würfeln. Zusammen mit den Basilikumblättern in das Curry rühren, noch einmal abschmecken, vor allem mit Zucker und Zitronensaft!

Beilage: Schneeweißer und wunderbar aromatischer Duftreis aus Thailand.

TIPP

Nach diesem Grundrezept für Thaicurrys kann man natürlich auch mit jedem anderen Fleisch arbeiten. Es ändert sich freilich bei zartem Brustfleisch oder Filet die Garzeit: dieses braucht ja nur wenige Minuten, um in der fertigen Sauce sanft gar zu ziehen. Längeres Kochen wäre schädlich, weil das empfindliche Fleisch sonst zäh und trocken würde. Man kann auch Fisch (in Würfel geschnittenes Filet) oder Garnelen (roh, aber ohne Schale und entdärmt), sogar ganze Fischstücke mit ihren Gräten in der Currysauce garen.

GETRÄNK

Eine kräftige, volle Riesling Spätlese trocken aus dem Rheingau, von der Nahe, aus Rheinhessen oder der Pfalz.

Hähnchenschenkel: Ragout mit Morcheln

Es wird auf die klassische, französische Art zubereitet: Die Hühnerstücke werden angebraten (die Haut vorher abziehen und in den Suppentopf geben oder wie auf den Seiten 60 oder 66 beschrieben zu Kruspeln braten – mitschmoren ist nicht anzuraten, weil aufgeweichte Hühnerhaut kein Genuss ist!), es kommen gehackte Schalotten und eingeweichte Morcheln hinzu. Mit wenig Einweichwasser und mit Sahne auffüllen und so lange schmurgeln, bis die Hühnerteile zart und saftig sind. Dazu kommen noch Spargelstücke, kurz blanchiert, damit sie ihren Biss und ihre leuchtende Farbe behalten. Viel Kerbel und abgeriebene Zitronenschale sorgen für Duft und ein Spritzer Zitronensaft für Frische.

1 Die Morcheln mit der kochenden Hühnerbrühe übergießen und eine halbe Stunde quellen lassen. Die Morcheln dann unter fließendem Wasser abspülen – es könnte Sand zwischen den Runzeln des Morchelhuts stecken –, die Einweichflüssigkeit durch ein Haarsieb oder einen Kaffeefilter gießen, um diesen Sand aufzufangen. Die Morcheln je nach Größe halbieren oder sogar vierteln. Wer nicht viele Morcheln zur Verfügung hat, hackt sie klein.

ZUTATEN

Für vier Personen:
1 Händchen voll getrocknete Morcheln (30 g)
1/4 l Hühnerbrühe
3–4 Hähnchenschenkel
2 EL Öl
1 EL Butter
3 Schalotten
Salz, Pfeffer
2 Thymianzweige
1 Glas kräftiger, trockener Weißwein
1/4 l Sahne
500 g grüner Spargel
Saft von 1/2 Zitrone
Kerbel

Bulgur:
1 Zwiebel
1 Knoblauchzehe
2 EL Olivenöl
250 g Bulgur (grob geschroteter Hartweizen)
ca. 350 ml kräftige Hühnerbrühe
Salz, Pfeffer
eventuell etwas Chilipaste oder Harissa
30 g Butter
Kerbel

2 Die Hähnchenschenkel in Ober- und Unterschenkel teilen. Die Haut abziehen (und entweder im Suppentopf auskochen oder zu Kruspeln braten wie beschrieben). Die Hähnchenteile im heißen Fett

rundum anbraten. Die gewürfelten Schalotten zufügen, alles salzen und mit Pfeffer würzen. Thymianzweige daneben legen und mitrösten.

3 Mit Wein ablöschen und etwas einkochen lassen. Dann

Morcheln samt Einweichwasser und Sahne zufügen. Alles etwa 20 Minuten leise schmurgeln lassen, bis die Sauce ein wenig eingedickt ist.

4 Inzwischen den Spargel putzen, schälen und in drei bis vier Zentimeter lange Stücke schneiden. In Salzwasser bissfest kochen. Abschrecken, damit die Farbe leuchtend bleibt. Zum Schluss ins Ragout rühren. Noch einmal kräftig abschmecken – mit Salz und mit einem Hauch Zitronensaft! Reichlich fein gehackten Kerbel in die Sauce rühren.

Beilage

Dazu passt sehr gut Bulgur – Hartweizengrieß, wie man ihn in der Türkei gerne isst: Zwiebel und Knoblauch fein würfeln und im heißen Öl andünsten. Den Bulgur zufügen, kurz mitrösten und mit Brühe auffüllen. Salzen und pfeffern, zugedeckt auf kleinem Feuer etwa fünf Minuten köcheln. Nach Belieben die scharfe Paste einrühren, den Bulgur dann neben dem Feuer, weiterhin zugedeckt, noch etwa zehn Minuten ausquellen lassen. Er sollte dann locker und körnig sein. Butterflöckchen einrühren – dadurch bekommt der Bulgur Glanz und Geschmack – und gehackten Kerbel untermischen!

TIPP

Bulgur lässt sich übrigens prima in der Mikrowelle aufwärmen – mit einem nassen Blatt von der Küchenrolle zugedeckt bleibt er schön locker und trocknet nicht aus.

GETRÄNK

Ein kräftiger trockener Weißwein, aus Burgund oder dem Jura (Arbois); oder ein Chardonnay oder Weißburgunder aus einer etwas südlicheren Region, der durchaus im Barrique (kleinen Holzfass) ausgebaut worden und dadurch herzhafter sein darf.

Hähnchenflügel in asienwürziger Marinade

Ein wirklich köstlicher Leckerbissen zum Aperitif oder beim Grillfest. Die Flügel zuschneiden: im Gelenk jeweils trennen, damit man wirklich den Bissen mit einem Happs aufessen kann. Rund um den Knochen das Fleisch etwas abschaben, es wird sich beim Grillen zusammenziehen und dann wie ein fleischiger Ring um das Knochenstück sitzen. Die Flügel wenigstens einige Stunden, lieber bis zum nächsten Tag marinieren.

1 Die Flügel in einen Plastikbeutel füllen und mit Marinade übergießen: Dafür Ingwer, Knoblauch, zerkrümelte Chilis (wer zu viel Schärfe fürchtet, entkernt sie zuvor), Sojasauce, Sesamöl und Zitronensaft mit Salz, Pfeffer, Zucker und allen anderen Gewürzen gründlich verrühren.

2 Den Beutel so verschließen, dass alle Luft herausgedrückt ist und die Hühnerteile vollkommen von der Marinade umgeben sind. Mindestens einen halben Tag, ruhig sogar länger, marinieren.

3 Die Hähnchenflügel entweder einfach auf dem Grill oder auf dem Rost über der Fettpfanne im Backofen rösten, bis sie knusprig sind.

ZUTATEN

Für vier Personen:

4 Hähnchenflügel
je 1 TL fein gehackter Ingwer und Knoblauch
1–2 getrocknete Chilischoten
2 EL Sojasauce
1 EL Sesamöl
3 EL Zitronensaft
je 1/2 TL Salz, Pfeffer, Zucker, gemahlener Koriander, Kreuzkümmel und Gelbwurz
eventuell 3 EL Öl zum Braten
3–4 Frühlingszwiebeln

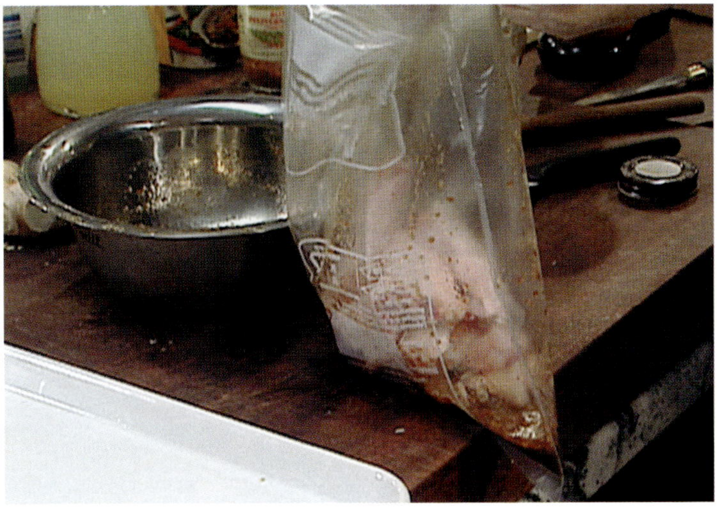

TIPP

Man kann die Flügel auch tagelang im Kühlschrank aufbewahren – wenn man darauf achtet, dass wirklich keine Luft im Beutel ist, können sie nicht verderben! Die Flügel werden dann auf dem Grill oder – das ist vor allem praktisch, wenn es für viele Gäste ist – auf dem Rost über der Fettpfanne im Backofen knusprig gegart.

4 Man kann die Hähnchenflügel auch in einer Pfanne in heißem Öl langsam etwa 15 bis 20 Minuten braten, sollte sie dabei immer wieder umwenden, damit sie überall mit der Hitze in Kontakt geraten. Und, falls sie anzusetzen drohen, mit einem Schuss Wasser loskochen. Zum Schluss, wenn die Stücke gar sind, die Frühlingszwiebeln in zwei Zentimeter langen Stücken zufügen und kurz mitbraten.

5 Die Hähnchenflügel schmecken warm, frisch vom Grill oder aus der Pfanne, aber auch kalt – zum Beispiel beim Picknick oder unterwegs.

GETRÄNK

Zum Aperitif Sekt oder Champagner serviert man die Hähnchenflügel am besten lauwarm. Gut passen dazu auch frisch gemixte Cocktails, zum Beispiel Margerita (Seite 143) oder auch trockener Martini (Gin, Wermut, grüne Olive).

Sülzen

Eine klare Sache: Sülzen und Aspik

Das Richtige für heiße Tage!

Hier geht es um ziemlich klare Angelegenheiten: um Sülzen und Aspiks! Leicht und erfrischend, bekömmlich und kühlschrankkalt – also genau das Richtige für heiße Tage...

Sülze kennt man in unterschiedlichsten Formen: aus der Kastenform als Scheibe, als Portionssülze aus einem Becherförmchen oder sogar im Teller. Sülzen sind überaus praktisch, wenn man Gäste erwartet. Denn sie können nicht nur, sie müssen sogar unbedingt schon am Vortag hergerichtet und zubereitet werden, damit sie die rechte Festigkeit erlangen. Sie stehen dann fix und fertig im Kühlschrank bereit und brauchen nur noch angerichtet zu werden. Sülzen sind unglaublich vielseitig, denn man kann nahezu alles hineinpacken, was sich gerade im Kühlschrank findet – klug geplante Reste können sogar die beste Basis für sie sein!

Die richtige Form, geeignete Förmchen

Im Allgemeinen sind für Sülzen Kastenformen praktisch. Das können ganz normale Kuchenformen aus Blech sein, aber auch Kastenformen aus Glas, Keramik oder Porzellan (Terrinen). Damit man die Sülze in jedem Fall bequem aus der Form lösen kann, sollte man diese vor dem Füllen am besten mit Klarsichtfolie ausschlagen. Dann braucht man später nur behutsam an der Folie zu ziehen und kann die Sülze unbeschadet aus der Form holen. Aufpassen, dass die Folie nicht zu viele Falten schlägt, die bleiben nämlich später sichtbar. Manche Sülzen sehen auch hübsch in Kugelform aus – dafür eine Schüssel nehmen, die einen möglichst runden Boden hat.

Die erstarrte Sülze wird direkt auf ein Schneidbrett gestürzt, dort kann man sie mit einem gut geschärften Messer in Scheiben, die Sülze aus der Halbkugelform in Tortenstücke schneiden. Die Schneide zuvor in heißes Wasser tauchen, dann durchtrennt sie die Sülze sicher, ohne an ihr festzukleben. Sehr gut eignet sich auch das elektrische Messer, das selbst feste Bestandteile in der Sülze mühelos durchschneiden kann, ohne dass das empfindliche Gebilde auseinander fällt.

Kleine Portionssülzen sind eine hübsche Vorspeise. Wer keine so genannten Timbales, auf Deutsch Becherförmchen, hat, kann sich natürlich behelfen, indem er Souffléförmchen, kleine Teeschälchen, Gläser oder einfach Tassen nimmt. Sehr praktisch sind Förmchen aus Edelstahl, weil sich die Sülze daraus am leichtesten herauslösen lässt: Wenn man sie in heißes Wasser taucht, erwärmen sie sich schnell, die Sülze schmilzt am Förmchenrand und gleitet ohne Schwierigkeiten heraus. Bei Porzellanförmchen, die weniger gut leiten, ist das nicht ganz so problemlos. Und es wäre doch schade, wenn ein Teil der Portion am Förmchenrand haften bleibt.

Für Tellersülzen ist natürlich jede Art von tiefen Tellern geeignet, auch kleine Schüsselchen oder Schälchen. Ganz wichtig ist hier, dass man die zu gelierenden Zutaten dekorativ einlegt und so

quellen, erst dann kann man sie in warmer Flüssigkeit oder Masse auflösen.
Der Umgang mit Gelatine ist längst nicht so kompliziert, wie viele glauben. Wissen sollte man dazu: Je weniger man nimmt, desto angenehmer die Konsistenz, desto weniger leidet der Geschmack – davon nimmt Gelatine nämlich den Speisen eine Menge! Damit die Sache jedoch auch wirklich steht, ist aber selbstverständlich immer eine gewisse Mindestmenge nötig. Wie viel man braucht, hängt von der Standfestigkeit der Masse ab: Bei Flüssigkeiten gilt als Faustregel fünf bis sechs Blatt auf einen halben Liter. Ausnahme: Wenn Fett im Spiel ist, kann dieses stützend wirken – siehe unser Dessert Panna cotta. Bei festeren Massen, solchen, in die viele feste Bestandteile eingebettet sind, genü-

übereinander schichtet, dass sie dem Betrachter ein hübsches Bild bieten.

Die Gelatine

Ihr Ruf hat unter BSE mächtig gelitten. Allerdings zu Unrecht! Denn Gelatine wird zwar aus Schwarten und Knochen – also aus tierischem Material – hergestellt, allerdings so lange unter Druck und hohen Temperaturen ausgekocht, dass man wirklich keine Angst haben muss. Und es wird kein so genanntes Risikomaterial verwendet! Man kann Gelatine also absolut unbesorgt einsetzen. Schließlich ist ein Großteil unserer Medikamente in Gelatine verpackt...

Blatt oder Pulver und die richtige Dosis

Man kann Gelatine in Blatt- oder Pulverform kaufen. Als Blatt lässt sie sich leichter dosieren, als Pulver jedoch exakter, denn hier kann man aufs Milligramm genau arbeiten. Welche Art man bevorzugt, ist Gewohnheitssache. Das Prinzip ist in jedem Fall gleich: Die Gelatine muss zunächst in kaltem Wasser einweichen und

gen im Allgemeinen vier bis fünf Blatt. Auch spielt die Größe der Form eine Rolle, je größer, desto mehr Stütze ist nötig: Was in kleine Becherförmchen verteilt wird, kommt mit erheblich weniger aus.
Die Sülze muss kalt stehen und genügend Zeit haben, um fest zu werden. Am besten über Nacht – je länger sie erstarren kann, desto sparsamer kann man mit der Gelatine sein. Und das wiederum tut dem Geschmack gut: Gelatine schluckt die Aromen geradezu. Also: Stets so wenig wie möglich nehmen, nur gerade so viel wie unbedingt nötig.
Weil sich das nie wirklich perfekt abschätzen lässt, unser Tipp: Lieber zuerst mit weniger probieren. Stellt sich am nächsten Tag heraus, dass es nicht gereicht hat, einfach alles noch einmal erwärmen und ein, zwei Blatt Gelatine hinzufügen. Das bedeutet natürlich: Wenn man nicht sicher ist, sollte man die Sülze ruhig schon zwei Tage vor dem Servieren zubereiten.

Agar Agar

Agar Agar – das Geliermittel für alle, die wirklich auf alles verzichten wollen, was vom Tier stammt. Also immer schon das richtige Geliermittel für alle, die streng vegetarisch leben. Es ist das zu Pulver gemahlene Mehl von Algen und ergibt ein stichfestes Gelee. Bitte nicht verwechseln mit Pfeilwurzmehl, das man zum Andicken, aber nicht zum Gelieren nehmen kann. Agar Agar tut dank seiner quellenden Wirkung dem Darm gut und unterstützt dessen Transportarbeit. Man kauft es im Reformhaus. Es muss ebenfalls zuerst in einer kleinen Menge der zu gelierenden Flüssigkeit quellen, bevor man diese unter die gesamte

Menge rührt und etwa zwei Minuten leise kocht. Dabei muss man ständig rühren, damit sich keine Klümpchen bilden. Das ist allerdings auch der Nachteil: Man kann Agar Agar nur dort verwenden, wo die Flüssigkeit es verträgt, gekocht zu werden.

Die Sache mit dem Spiegel

Eine Sülze soll ja eine schöne, glatte Oberfläche haben. Auch wenn Flüssigkeit die Eigenschaft hat, überall hinfließen zu können, sollte man beim Einschichten der Zutaten in die Form daran denken, dass man zunächst eine schöne Oberfläche schafft: Denn nach dem Stürzen gelangt der Boden nach oben – er sollte also besondere Sorgfalt erfahren. Kommen feste Zutaten flach auf dem Boden der Form zu liegen, könnte keine Flüssigkeit unter sie laufen und sie würden nach dem Stürzen die Oberfläche der Sülze durchstoßen. Deshalb gießt man zuerst eine millimeterdünne Schicht vom Geliersud auf den Boden der Form und lässt ihn einige Zeit, etwa eine Stunde, im

Kühlschrank fest werden. Auf diese Basis lässt sich dann mit den weiteren Zutaten die Sülze aufbauen. Diese Schicht nennt man in der Küchensprache den *Spiegel*. Man kann direkt auf diesen Spiegel Dekorationen betten: Kräuter, in Rauten, Sterne oder sonstwie hübsch zugeschnittene Scheiben von Möhren, Sellerie oder anderen Wurzeln, auch dekorativ gelegte Ringe von Lauch oder Frühlingszwiebeln. Bei Sülzen, die anschließend in Scheiben geschnitten werden, mag das überflüssig sein, aber bei Portionssülzen, die ja mit dieser Seite nach oben vor den Gast gestellt werden, oder bei Sülzen im Halbkugelformat wirkt das besonders hübsch.

Wie die Sülze heil aus der Form kommt

Das Beste ist: Rundum mit einem spitzen Messer zwischen Sülze und Formrand entlangfahren und sie dort ablösen, dann die Form sekundenkurz in heißes Wasser tauchen, rasch abtrocknen und dann vorsichtig auf ein Schneidbrett (die große Sülze) oder gleich auf Teller stürzen. Deshalb sind Förmchen aus Metall auch so viel besser als die schlechten Wärmeleiter Porzellan oder Glas: Metall erwärmt sich absolut gleichmäßig und sehr schnell, das Gelee schmilzt sofort etwas an und löst sich. Aber Achtung: Man muss wirklich blitzschnell arbeiten, Metallförmchen nehmen nur allzu rasch die Wärme an und geben sie ungehindert an die Sülze weiter. Und wer das Förmchen dann unbedacht einen Moment zu lang stehen lässt, bekommt eine Sülze, die außen bereits geschmolzen ist...

Wie die Brühe wirklich klar wird

Eine Sülze muss transparent sein, sonst sieht sie nicht schön aus. Meist wird es deshalb nötig sein, die Brühe, mit der man die Sache ansetzt, zu klären. Das ist im Prinzip ganz einfach, es erfordert nur Zeit: Die kalte Brühe muss mit Eiweiß – das kann vom Ei stammen, aber auch von Fleisch oder Fisch – versetzt, dann vorsichtig und behutsam und vor allem sehr langsam erhitzt werden. Je langsamer das geschieht, desto besser kann das Eiweiß die Trubstoffe, die in der Brühe schweben, an sich binden. Durch ein Haarsieb oder besser ein feines Tuch gefiltert, erhält man so eine wunderbare, glasklare Flüssigkeit. Allerdings: Mit den Trubstoffen nimmt man der Brühe auch Geschmack. Deshalb nimmt man vor allem bei zu klärenden Fleischbrühen durchgedrehtes Fleisch als Eiweiß – das gibt zusätzlich wieder Geschmack zurück. Außerdem muss man den Sud anschließend noch einmal sehr kräftig abschmecken!

Tomaten, gefüllt mit Erbsencreme

Hier ist die Frucht selbst die Hülle. Ein hübscher Appetithappen, den man am besten mit Zahnstochern zum Ausder-Hand-essen serviert. Die rote Frucht mit dem giftgrünen Innenleben sieht entzückend aus und ist herrlich erfrischend!

ZUTATEN

Für sechs bis acht Personen:
30 Cocktail- oder kleine Strauchtomaten
Erbsenfüllung:
150 g frische Erbsen
1 EL fein gehackte Schalotten
2 EL Butter
Salz, Pfeffer
Cayennepfeffer
1 Prise Zucker
2 EL Crème fraîche
einige Minzeblätter
2 Blatt Gelatine

1 Die Tomätchen mit kochendem Wasser überbrühen, eiskalt abschrecken und im kalten Wasser liegen lassen, bis sie wirklich kalt sind. Dann eine Kappe abschneiden und mit einem Löffel die Kerne herausschaben – die Tomaten dabei aus der Haut lösen. An der Unterseite flach schneiden, damit die Tomaten besser stehen und nicht in der Gegend herumkugeln.

2 Für die Füllung die Erbsen mit der fein geschnittenen Schalotte in der heißen Butter einige Minuten dünsten, dabei salzen, würzen und etwas Crème fraîche sowie einige Minzeblättchen zufügen. Im Mixer pürieren, die eingeweichte Gelatine in der heißen Masse auflösen und sehr kräftig abschmecken.

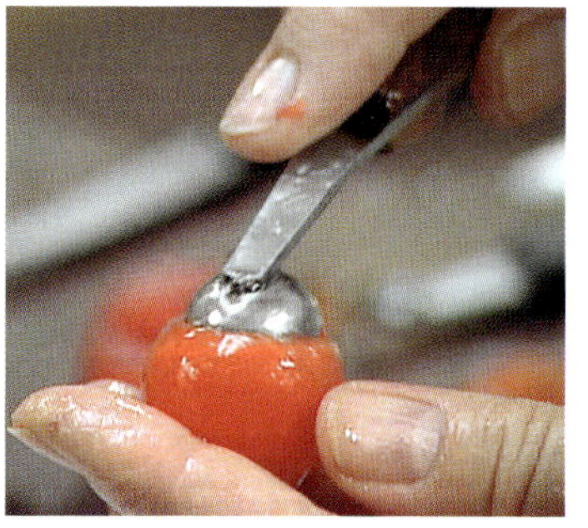

3 Diese Masse in einen kleinen Plastikbeutel füllen, eine Ecke dieses Beutels abschneiden. Jetzt lässt sich die Erbsencreme sehr bequem in die vorbereiteten Tomaten füllen. Nebeneinander auf eine Platte setzen und im Kühlschrank fest werden lassen.

TIPP

Große Tomaten halbieren oder vierteln und mit Zahnstochern zum Aufspießen servieren – und, wenn vorhanden, mit Minzeblättchen garnieren, die dazu köstlich schmecken.

Krabbenaspik mit Dillsauce

Am hübschesten ist dieses Aspik im kleinen Becherförmchen. So bekommt jeder seine eigene Portion, die man dekorativ auf einem Spiegel von Sauce auf Vorspeisentellern anrichten kann. Wir bereiten das Krabbenaspik mit einem Sud aus Dillstengeln und Dill-Aquavit zu, der ihm ein unglaublich intensives Aroma gibt. Dieser Aquavit ist leider nicht überall zu finden. Es lohnt sich aber die Mühe, ihn zu suchen, denn der Geschmack ist einzigartig: Sie können ihn überall dort bestellen, wo Produkte der Danish Destillers angeboten werden!

ZUTATEN

Für sechs Personen:

1 Bund Dill, 1 EL Dillsamen
1 TL Pfefferkörner
1/4 l Wasser
Salz, 1 Prise Zucker
2 Blatt Gelatine
2–3 EL Dill-Aquavit (Aalborg Dild)
einige Tropfen milder Essig (Apfelessig)
1 kleine Gärtnergurke
1 rote Chilischote (je nach Gusto mild oder ruhig auch richtig scharf)
250 g geschälte Nordseekrabben
1 EL Zitronensaft
1 TL Zitronenschale (fein gerieben oder gehackt)

Dillsauce:

1 Becher Naturjoghurt
2 EL saure Sahne
1 EL Olivenöl
2 EL kalte Gemüsebrühe
1–2 EL Zitronensaft
Salz, Pfeffer, Dill

1. Vom Dill die Hälfte der Blättchen abzupfen und beiseite stellen. Den Rest grob hacken, mit Dillsamen und Pfefferkörnern im Wasser aufsetzen, aufkochen lassen, salzen und mit Zucker würzen. Neben dem Feuer eine Stunde ziehen lassen. Durch ein Sieb filtern, die eingeweichte Gelatine darin auflösen. Mit Dill-Aquavit und Essig würzen. Der Sud sollte sehr konzentriert schmecken.

2. Die Gurke unterdessen schälen, längs halbieren, mit einem Löffel sämtliche Kerne herausstreifen. Die Gurke halbzentimetergroß würfeln. Die Chilischote entkernen und winzig würfeln. Mit der Gurke und dem restlichen, fein gehackten Dill unter die Krabben mischen, dabei mit Salz, Zitronensaft und -schale würzen.

3. In kleine, becherförmige Förmchen verteilen und gut festdrücken. Den abgekühlten Sud – vorher nochmals abschmecken! – darüber gießen, er sollte die Krabbenmischung bedecken.

4. Für die Dillsauce Joghurt, saure Sahne, Öl und Brühe glatt rühren, mit Zitronensaft, Salz, Pfeffer und fein gehacktem Dill würzen. Jeweils einen Klecks davon auf einem Teller verstreichen, das Krabbensülzchen aus der Form lösen und darauf setzen. Mit einem frischen Dillzweiglein garnieren.

Gestreifte Paprikaterrine mit Tomatenvinaigrette

Als Vorspeise ist sie eine Zierde in einem großen Menü, sie eignet sich aber auch als leichter, sommerlicher Imbiss. Es werden dafür rote, gelbe und grüne Paprika zunächst auf einem Stück Alufolie im heißen Ofen gebacken, bis sich ihre Haut schwarz färbt und in Blasen ablöst. So lassen sich die Paprika bequem häuten, außerdem bekommen sie einen wunderbar konzentrierten Geschmack. Man kann übrigens auf den Schinken als Einlage völlig verzichten – dann ist das Gericht auch für Vegetarier bestens geeignet.

1 Die Paprikaschoten auf keinen Fall aufschneiden – es ist wichtig, sie absolut unverletzt zu lassen, damit ihr Saft im Innern erhalten bleibt und nicht im heißen Ofen verdampft. Die Früchte auf einem mit Alufolie belegten Blech verteilen und im Ofen bei 250 Grad rösten, etwa 20 Minuten lang, dabei die Schoten immer wieder drehen, bis sie rundum schwarze Stellen zeigen und ihre Haut Blasen wirft.

2 Die Tomaten im Mixer pürieren, dabei salzen, pfeffern, mit einer Zuckerprise würzen. In einem Haarsieb abtropfen, dabei den Saft auffangen.

3 Die Paprika in einen großen Gefrierbeutel packen und etwas auskühlen lassen – in dieser dämpfigen Atmosphäre löst sich die Haut endgültig vom Fruchtfleisch und die Schoten lassen sich mühelos pellen. Über einer Schüssel arbeiten, um allen Saft aufzufangen, den wir für unser

ZUTATEN

Für sechs bis acht Personen (1 Kastenform von ca. 1 l Inhalt)

je 3 rote, gelbe und grüne Paprikaschoten
400 g reife Tomaten
Salz, Pfeffer
1 Prise Zucker
3 Knoblauchzehen
5 EL Olivenöl
4 EL Gelatine
200 g gekochter Schinken in dünnen Scheiben
2 EL Balsamico
einige Basilikumblätter

Gelee brauchen! Alle Kerne entfernen, das Fleisch schließlich längs in die sich von ihrer natürlichen Beschaffenheit ergebenden Stücke teilen, so dass etwa 2–4 cm breite Streifen entstehen. Die Paprika salzen und pfeffern.

4 Das Öl mit dem durchgepressten Knoblauch würzen, die Hälfte davon unter die Paprikastreifen rühren. Den Saft der gemixten Tomaten mit Knoblauch-Olivenöl und mit dem Paprikasaft mischen – es sollten etwa 300 ml sein. Die eingeweichte Gelatine darin auflösen.

5 Eine Kastenform mit Klarsichtfolie ausschlagen, zunächst einen millimeterdünnen Spiegel hineingießen und im Kühlschrank fest werden lassen. Dann abwechselnd in ihren Farben die Paprikastreifen dekorativ in die Form schichten, dabei jedes Mal vom gelatinösen Paprikasaft dazwischen verteilen.

6 Nach Belieben Scheiben von gekochtem Schinken zwischen die Schichten legen. Wenn die Form gefüllt ist, sollte auf der Oberfläche ebenfalls eine dünne, geschlossene Schicht von Paprikasaft stehen. Mit Folie abdecken, die Form bis zum nächsten Tag kalt stellen.

7 Zum Servieren aus der Form lösen, die Terrine in knapp fingerstarke Scheiben schneiden und auf Tellern anrichten.

8 Für die Vinaigrette einige Esslöffel der festen Bestandteile der gemixten Tomaten mit dem restlichen Knoblauchöl und Paprikasaft sowie einigen Tropfen Balsamico verrühren und mit Salz, Pfeffer und einer Zuckerprise würzen. Basilikum in feine Streifen schneiden und einrühren. Jeweils einen Klecks davon zur Paprikaterrine geben. Den Rest getrennt in einer Sauciere dazureichen.

GETRÄNK

Wir empfehlen einen Weißwein aus der Toskana – Vermentino oder Vernaccia di San Gimignano – oder einen Grünen Veltliner aus der Wachau, zum Beispiel einen Smaragd von den Terrassen aus Unterloiben.

Blumenkohl-Broccoli-Terrine mit Kräutersauce

Dafür werden Blumenkohl- und Broccoliröschen bissfest gekocht. Die Basis für das Gelee besteht aus den absolut weich gekochten Stielen, die man mit Sahne gemixt und durchs Sieb gestrichen hat. Es wird kräftig gewürzt mit Muskat, Balsamessig und Worcestershiresauce und mit Agar Agar gebunden, damit auch der strengste Vegetarier mitessen kann. Für die Kräutersauce werden Kräuter mit Olivenöl gemixt und mit Gemüsebrühe auf die gewünschte Konsistenz gebracht. Und wer partout nicht fleischlos essen will, mischt zwischen die Blumenkohl- und Broccoliröschen Hähnchenfleisch, Schinken oder Kassler.

ZUTATEN

Für sechs bis acht Personen
(1 Kastenform von ca. 1,5 l Inhalt)
je 1 kleiner Blumenkohlkopf und Broccoli (ca. 600 g jeweils)
Salz
200 g Sahne
Muskat
Worcestershiresauce
Cayennepfeffer
1 TL Agar Agar
eventuell 250 g gekochtes Hähnchenfleisch, gekochter Schinken oder Kassler

Kräutersauce:
2 Tassen gemischte Kräuter der Saison: Petersilie, Dill, Estragon, Kerbel
Salz, Pfeffer
3–4 EL Olivenöl
1 Eigelb
3 EL Apfelessig
ca. 1/8 l Gemüsebrühe (zum Beispiel vom Blumenkohl)
Zucker
Balsamessig (z. B. vom Apfel)

1 Blumenkohl und Broccoli in Röschen teilen und in Salzwasser bissfest kochen. Herausheben, die Stiele abschneiden, nur die wirklich zarten Röschen sofort in eine Schüssel mit eiskaltem Wasser (möglichst mit Eiswürfeln drin) geben, damit Struktur, Farbe und Vitamine erhalten bleiben.

2 Die Stiele und Strünke zurück in den Kochtopf tun und absolut weich kochen. Dann mit Sahne im Mixer pürieren und mit den angegebenen Gewürzen kräftig abschmecken. Fünf Esslöffel davon abmessen, mit dem Agar Agar glatt quirlen. Unter drei Viertel Liter der Masse rühren und zwei Minuten unter ständigem Rühren leise köcheln.

3 Eine Kastenform mit Folie auskleiden, einen dünnen Spiegel von Gelee einfüllen und fest werden lassen. Broccoli- und Blumenkohlröschen einschichten, dabei immer wieder vom Gelee dazwischen verteilen, nach Gusto auch in Würfel geschnittenes Hähnchenfleisch. Die Geleeschicht sollte zum Schluss eine glatte Oberfläche bilden.

4 Im Kühlschrank bis zum nächsten Tag fest werden lassen. Zum Servieren stürzen, in Scheiben schneiden und auf Tellern anrichten.

5 Mit einem Klecks Kräutersauce garnieren, den Rest der Sauce getrennt dazu reichen. Für die Sauce die Kräuter in den Mixer füllen, mit Salz, Pfeffer, Olivenöl, Eigelb und Apfelessig glatt mixen, dann in die laufende Maschine langsam so viel heiße Brühe geben, bis die Sauce die gewünschte Konsistenz hat. Nochmals abschmecken, vor allem mit einer Prise Zucker und eventuell mit einem Spritzer Balsamessig.

TIPP

Am besten lässt sich eine solche Sülze mit einem elektrischen Messer schneiden. Seine Sägeklinge, die sich blitzschnell bewegend durch die Masse dringt, zerteilt auch Empfindlichstes ohne Problem. Sicherheitshalber kann man mit der anderen Hand die abzutrennende Scheibe mit einem Teigkärtchen stützen, so dass sie nicht zerbrechen kann. Mit dessen Hilfe lässt sich die Scheibe auch noch bequem zum Teller transportieren.

GETRÄNK

Hierzu passt eher ein Weissburgunder, zum Beispiel vom Kaiserstuhl, als ein herber Riesling. Wir haben dazu übrigens gern einen nicht ganz jungen, trockenen Gewürztraminer von der Nahe (Schlossgut Diel) getrunken.

Tellersülze

Dafür kann man alles verwenden, was man im Kühlschrank an Resten findet, zum Beispiel ein Stück vom Schweinebraten, Kotelett, Schinken, hart gekochte Eier in Vierteln oder Scheiben, dazu Gürkchen und/oder andere Pickles, auch gekochtes Gemüse wie Erbsen, Blumenkohl- oder Broccoliröschen... Diese Zutaten in tiefe Teller verteilen. Mit einem sehr kräftig abgeschmeckten Sud übergießen und kalt stellen. Bei der Tellersülze ist es wichtig, dass sie nicht zu fest gerät, man nimmt stets etwa 10 Prozent weniger Gelatine als für eine zu stürzende Sülze. Nur so kann man sie angenehm mit dem Löffel essen! Fertig ist ein fabelhafter Imbiss. Dazu: Bratkartoffeln und ein Pils.

ZUTATEN

Für vier Personen:
200 g Schweinebraten
2 hart gekochte Eier
4 Gürkchen oder Cornichons
eingelegte Chilis, 2 EL Kapern
100 g Gemüse: z. B. Erbsen, weiße Bohnenkerne, grüne Bohnen, Blumenkohl- oder Broccoliröschen, Möhren etc.
glatte Petersilie, Kerbelblättchen oder andere Kräuter zur Dekoration
1/2 l kräftige Fleischbrühe (eventuell 1 Ei zum Klären, siehe Einleitung)
4 Blatt Gelatine

1 Den Schweinebraten entweder würfeln oder in dünne Scheiben schneiden. Die Eier achteln oder ebenfalls in Scheiben schneiden. Die Gürkchen würfeln oder zu feinen Fächern schneiden. Die Chilis entkernen und fein würfeln. Alles dekorativ in tiefen Tellern anordnen, dabei die Kapern dazwischen verteilen, auch die Gemüse (in Scheiben, Würfeln oder Streifen), zum Schluss mit Kräutern dekorieren.

2 Die Brühe nach Bedarf klären, erhitzen, sehr kräftig würzen und abschmecken, die eingeweichte Gelatine darin auflösen. Über die im Teller angerichteten Zutaten gießen, bis sie alle bedeckt sind. Die Teller kalt stellen, bis die Sülze fest wird.

Panna cotta mit Zitronengras

Das berühmte Dessert aus der Toskana ist längst Mode, auch wir haben es vor vielen Jahren mal in der Sendung gebracht, und zwar hatten wir es damals mit Vanille gewürzt. Es ist kinderleicht zu machen und jeder liebt es. Inzwischen haben wir das Rezept verbessert: Wir sparen mittlerweile enorm an Gelatine, das macht die Speise unnachahmlich zart. Keine Angst! Sie hält trotzdem ihre Form, allerdings nur, wenn Sie kleine Förmchen nehmen, von ca. 0,1 l Inhalt.

1 Die Sahne aufkochen, Zucker und in feine Ringe geschnittenes Zitronengras einrühren, etwa fünf Minuten leise köcheln lassen. Schließlich noch neben dem Feuer eine Viertelstunde ziehen lassen. Durch ein Sieb filtern, die eingeweichte Gelatine darin auflösen. In Förmchen füllen und über Nacht kalt stellen.

2 Zum Servieren stürzen und auf einem Saucenspiegel anrichten, für den die Erdbeeren mit Zucker und Zitronensaft gemixt wurden.

ZUTATEN

Für sechs Personen:

1/2 l Sahne
3 EL Zucker
1 Zitronengrasstengel
2 Blatt Gelatine

Erdbeersauce:

500 g reife, duftende Erdbeeren
50 g Zucker
einige Spritzer Zitronensaft

Sommerliche Beerensülze

Man sollte möglichst eine sehr bunte Mischung aus verschiedenen Beeren verwenden, reife, duftende, aromatische Früchte. Der Pfiff an diesem Dessert: Das Gelee wird, kurz bevor es endgültig im Teller geliert, mit einem Schuss Sekt aufgelockert. Die Sektbläschen bleiben im Gelee erhalten, das sieht bildschön aus und schmeckt umwerfend, denn der Sekt gibt einen verblüffend prickelnden Effekt!

ZUTATEN

Für sechs Personen:
ca. 1 kg gemischte Früchte: Erdbeeren, Himbeeren, rote und schwarze Johannisbeeren, auch Heidel-, Brom- und Jostabeeren
2 EL Puderzucker
weitere 200 g Himbeeren
1/2 l fruchtiger Sekt (Riesling, es kann auch Apfelschaumwein sein!)
50 g Puderzucker
Zitronensaft
4 Blatt Gelatine

GETRÄNK

Dazu ein Gläschen vom gleichen Sekt trinken, mit dem die Tellersülze zubereitet wurde.

1. Die Beeren putzen, sorgfältig verlesen, entstielen oder von den Rispen streifen. Erdbeeren halbieren oder sogar vierteln. Die übrigen Früchte ganz lassen. Mit Puderzucker mischen und in einer Schüssel zehn Minuten Saft ziehen lassen.

2. 200 g Himbeeren mit der Hälfte des Sekts erhitzen, durch ein Sieb streichen, um die Kerne aufzufangen, dann mit Puderzucker und Zitrone würzen und mit dem bei den eingezuckerten Beeren entstandenen Saft mischen. Es sollte insgesamt ein halber Liter Flüssigkeit sein. Die eingeweichte Gelatine in einigen Esslöffeln davon bei sanfter Hitze auflösen und unterrühren.

3. Die Beeren gerecht und dekorativ in tiefen Tellern anordnen. Den vorbereiteten Sud darüber verteilen und im Kühlschrank anziehen lassen. Bereits nach etwa einer Stunde, bevor das Gelee fest wird – jeweils mit Schwung! – einen guten Schuss vom restlichen Sekt hinzugießen. Erneut eine gute Stunde kalt stellen und endgültig fest werden lassen.

Obstkuchen

Unsere liebsten Obstkuchen

Früher hat man Kuchenformen oft aus Weißblech hergestellt. Darin brauchen Kuchen länger als in Formen aus dunklem Blech, sie werden auch nicht so knusprig, weil das Weißblech die Hitze nicht so intensiv aufnehmen und weitergeben kann. Es kann also sein, dass die Backzeiten sich in älteren Formen aus dünnerem und hellem Material gegenüber unseren Angaben geringfügig verlängern.

Selbst gemacht noch mal so gut: Törtchen, Schnitten, Kuchen und Torten

Im frühen Sommer, wenn die Märkte wieder üppig aufgefüllt sind mit Obst, Früchten und Beeren jeglicher Art, da kommt die Lust aufs Kuchenbacken ganz von allein. Es ist nicht jedermanns Sache, kunstvolle Torten zu fabrizieren. Aber ein fruchtiger Obstkuchen, der gelingt jedem. Und wir haben ein paar Rezepte entwickelt, die nicht viel Mühe machen: Kuchen und Törtchen, die super aussehen und absolut prima schmecken.

Tipps rund ums Backen

Die Backformen

Für Obstkuchen eignen sich entweder Springformen, deren hoher, senkrechter Rand (bei so genannten Wähenformen gibt es auch einen schrägen Rand) sich bequem abnehmen lässt. Oder man nimmt Tarteformen, flache, runde Bleche mit nur schmalem, meist etwas nach außen geneigtem Rand, in denen man den fertigen Kuchen zum Servieren einfach drin lässt und lediglich einzelne Stücke herausschneidet. Für kleine Portionsküchlein, wie zum Beispiel Muffins, gibt es spezielle Bleche, die aus mehreren aneinander gehängten Förmchen bestehen. Es ist praktisch, sie mit Papierhütchen auszukleiden, in denen man übrigens die Muffins sogar ganz ohne stützendes Blech backen kann. Man muss nur beim Einfüllen des Teigs vorsichtig sein, damit das Papier nicht reißt. Moderne Backformen sind meist aus einem stabilen, mit dunklem Email beschichteten Blech – sie sind ideal für jegliche Bäckereien, vor allem, wenn sie innen mit Teflon oder einem ähnlichen Material beschichtet sind, was ein Anbacken weitgehend verhindert.

Das Vorbereiten der Backform

Wer kein Backpapier nimmt, was zugegebenermaßen in einer Springform ein wenig schwierig ist, weil man den Rand hinauf einen Extrastreifen legen muss, der sollte die Form gründlich einfetten. Entweder einfach mit der Hand oder mit einem Pinsel, mit dem man die weiche Butter gleichmäßig in allen Ecken und Rundungen auftragen kann. Dies ist auch dann zu empfehlen, wenn die Form innen antihaftbeschichtet ist.
Der gebackene Kuchen löst sich noch besser, wenn man die Form nach dem Einfetten mit Mehl, Bröseln oder Zucker ausstreut: einfach ein bis zwei Esslöffel davon einfüllen, dann die Form drehen und wenden, bis sie innen überall von einem feinen Film überzogen ist. Überschüssige Brösel (beziehungsweise Zucker, Mehl etc.) wieder auskippen.
Übrigens: In mit Zucker ausgestreuten Formen gerät Mürbteig besonders knusprig!

Der Tortenring

Für alle, die gern und viel backen, ist statt der Springform ein stufenlos verstellbarer Tortenring zu empfehlen. Er erspart ihnen die Anschaffung mehrerer Formen mit unterschiedlichem Durchmesser, weil man ihn bis zu stattlichen Umfängen von 40 Zentimetern und mehr ausdehnen kann. Er wird einfach auf das Blech gesetzt und mit dem Teig gefüllt. Bei flüssigen Teigen, die möglicherweise auslaufen können, bekommt der Tortenring einen Boden aus doppelt gelegter extrastarker Alufolie.

Das Blindbacken

Früher hat man das bei jedem Obstkuchen für nötig gehalten. Heute, da man die Ofenhitze besser steuern und mit mehr Unterhitze leichter für einen knusprigen Boden sorgen kann, ist es nur bei wirklich feuchtem Belag notwendig oder bei Belägen, die nicht mitgebacken werden. Man backt in solchen Fällen den Boden zunächst einmal halb gar, bis er genügend Festigkeit hat, um die Füllung zu tragen. Im Prinzip ist Blindbacken nicht kompliziert: Die Springform wird mit dem Mürbteig ausgeschlagen. Damit der Teig schön glatt liegen bleibt, beschwert man ihn mit einer dicken Lage Hülsenfrüchte (immer Backpapier dazwischenlegen, sonst werden die Hülsenfrüchte in den Teig eingebacken; diese Hülsenfrüchte sollte man ausschließlich für diesen Zweck bereithalten und immer wieder verwenden). Unser Trick, damit's noch einfacher geht: Nur den Springformboden mit Teig belegen, mit einer Gabel ein paarmal einstechen (damit er schön flach bleibt). 20 Minuten vorbacken. Inzwischen auch den Springformrand mit Teig ausschlagen. Um den vorgebackenen Teigboden setzen – nachdem er etwas abgekühlt ist. Schließlich den Kuchen wie gewohnt fertig stellen und backen.

Der Kuchentransport

Der Kuchen sollte, wenn man ihn aus dem Ofen geholt hat, erst einmal zwei Minuten abkühlen, bevor man ihn aus der Form löst. Sonst ist er noch nicht stabil genug und kann leicht zerbrechen. Zum endgültigen Abkühlen auf ein Kuchengitter transportieren, damit überall genügend Luft an ihn herankommt und der Teig knusprig bleibt (oder wird). Dafür ist ein so genannter Tortenheber, aus Kunststoff oder dünnem

Metall, besonders praktisch. Gibt's für wenig Geld in Haushaltsgeschäften.

Kuchen und Teige im Tiefkühlvorrat

Nur in großen Familien oder dort, wo genügend Gäste dafür sorgen, wird ein Kuchen auch wirklich sofort aufgegessen. Meist steht die Hälfte noch auf dem Frühstückstisch, und viele gute Stücke erleben es nicht mehr, in ihrer besten Form verspeist zu werden – schade drum! In Zukunft verpacken Sie in solchen Fällen gleich – am besten noch warm – alles, was Sie bestimmt nicht sofort verzehren. Und zwar in Stücke oder Portionen geteilt und in extrastarke Aluminiumfolie gewickelt: und ab in das Schnellgefrierfach des Tiefkühlers! So können Sie die jeweils benötigte Menge bequem entnehmen und auftauen. Wichtig: Die Kuchenstücke müssen absolut luftdicht verpackt sein, sonst trocknen sie aus.

Ideal zum Einfrieren geeignet sind alle Kuchen aus Hefeteig, Mürbteig, Knetteig oder Biskuit. Ungeeignet dagegen sind Baiserkuchen oder solche aus Makronenteig – sie werden beim Auftauen weich.
Auch Teige kann man gut einfrieren. Vor allem solche, die ohnehin vor dem Verarbeiten noch eine Zeit ruhen sollten. Zum Beispiel Mürb- und Hefeteig und alle Arten von Blätterteig. Allerdings: Es lohnt sich nur bei kleinen Mengen – weil größere Portionen so lange brauchen, bis sie auftauen, dass man sie gleich frisch zubereiten kann. Oder wenn der Kuchenteig mit Belag fertig in seiner Backform eingefroren wird. Dann nämlich braucht man ihn wirklich nur noch in den Ofen zu schieben und entsprechend länger zu backen. Wichtig in jedem Fall: Kuchen oder Teig wegen ihres hohen Fettanteils nicht zu lange in der Kälte lassen, höchstens vier bis sechs Monate.

Aprikosentarte

Ein dünner, knuspriger Teigboden, darauf saftig und aromatisch das Obst: eine Tarte nach französischer Tradition – unwiderstehlich gut, leicht vorzubereiten und vielseitig wandelbar. Der Mürbteig dafür aus viel Butter, reichlich Zucker und wenig Mehl ist rasch geknetet. Er muss dann allerdings in einem Gefrierbeutel eine halbe Stunde ruhen, damit sich der Kleber im Mehl entwickeln kann, der Teig nachher elastisch ist und der Kuchen später schön mürbe.

ZUTATEN

Zutaten für eine Form von 28 bis 30 cm Durchmesser:

Süßer Mürbteig:

250 g Mehl
150 g Butter
100 g Zucker
1 Prise Salz
1 Eigelb
eventuell einige Tropfen lauwarmes Wasser

Belag:

50 g Mandeln
100 g Zucker
60 g Butter
1,2 kg reife, duftende Aprikosen
100 g Aprikosenkonfitüre

1 Das Mehl auf die Arbeitsfläche häufen, die Butter in Würfel schneiden und darauf verteilen. Den Zucker darüber schütten, die Salzprise und das Eigelb in die Mitte setzen.

Mit möglichst kühlen Händen alles rasch zu einem festen Teig kneten. Nicht zu lange bearbeiten, weil sonst die Butter schmilzt und der Teig zu weich wird.

2 Den Teig in einen Gefrierbeutel füllen, jetzt flach drücken, so dass eine runde Platte entsteht, die man nachher nur noch auf die Größe der Form ausrollen muss, und eine halbe Stunde lang kalt

legen. Bitte nicht auf diesen Schritt verzichten, der Teig bleibt sonst klebrig, wird nicht knusprig und mürbe!

3 In der Zwischenzeit die Mandeln zusammen mit 30 Gramm Zucker im elektrischen Zerhacker pulverisieren. Die Springform dick mit Butter ausstreichen, zwei Esslöffel Zucker hineinstreuen, die Form drehen und wenden, bis der Butterfilm überall von Zucker überzogen ist. Das hilft, den Teig knusprig zu erhalten, weil diese Schicht den Saft, den die Früchte von sich geben, aufnehmen kann. Überschüssigen Zucker wieder aus der Form kippen.

4 Teig auswellen: Dafür den Gefrierbeutel aufschlitzen und als Fläche auslegen, so spart man sich das Bemehlen der Arbeitsfläche und kann anschließend damit den Teigboden mühelos in die Form transportieren. Den Teig dünn ausrollen, die Form mit der Innenseite genau über das Teigrund legen, mit der Hand unter den Gefrierbeutel fassen, die

Teigfläche so emporheben und in die Form stürzen. Die Folie abziehen, den Teig überall, vor allem den Rand hinauf, gut festdrücken. Das Zucker-Mandel-Gemisch gleichmäßig auf dem Teigboden verteilen.

5 Die Aprikosen halbieren, mit der Rundung nach oben dicht an dicht von außen nach innen auf dem Boden anordnen. Mit Zucker und Butterflöckchen bestreuen.

6 Bei guter Hitze, etwa 225 Grad, 35 bis 40 Minuten backen. Der Kuchen darf dabei am Rand richtig dunkel werden, dann schmeckt er gut nach Karamell!

TIPP

Nach diesem Prinzip kann man je nach Saison jegliche Früchte verarbeiten: Äpfel und Birnen in Schnitzen, Pfirsiche (diese vorher schälen!) halbiert usw....

7 Die Früchte noch lauwarm mit Aprikosenkonfitüre überziehen, die mit einem Esslöffel Zucker und einem Esslöffel Wasser eine Minute lang aufgekocht wurde. Dadurch glänzt der Kuchen schön, außerdem schmeckt er noch aprikosiger!

GETRÄNK

Zur Aprikosentarte trinken wir am liebsten ein Gläschen Aprikosenschnaps oder, wie die Österreicher sagen, einen Marillenbrand.

Quarktorte mit Erdbeeren

Auch wer keine Lust hat, Teig zu kneten, muss nicht auf selbst gebackenen Obstkuchen verzichten: er nimmt stattdessen Löffelbiskuits. Zerkrümelt, mit geschmolzener Butter und grob gehackten, gerösteten Haselnüssen vermischt, ergeben sie einen wunderbar schmeckenden Boden, der sogar dann knusprig bleibt, wenn man die an sich ja Feuchtigkeit abgebende Quarkschicht darauf im mäßig warmen Ofen hat stocken lassen.

1 Die Löffelbiskuits zerkrümeln, entweder im Mixer (elektrischer Zerhacker) oder indem man mit dem Nudelholz darüber rollt. Wenn sich die Biskuits zu diesem Zeitpunkt noch in einem Plastikbeutel oder einer Tüte befinden, springen die Krümel nicht in der ganzen Küche herum.

2 Die Krümel mit der flüssigen Butter übergießen und kurz einweichen. Unterdessen die Haselnüsse im 150 Grad heißen Ofen oder in einer trockenen Pfanne ca. zehn Minuten rösten, bis sie duften. Im Zerhacker nicht zu fein zerkleinern. Unter die eingeweichten Brösel arbeiten. Die

ZUTATEN

Zutaten für eine Springform von 24 cm Durchmesser:

200 g Löffelbiskuits
50 g Butter
50 g Haselnüsse
500 g Schichtkäse
250 g Topfen oder Quark (0,2 % Fett)
3 Eier
175 g Zucker
1 TL Vanille-Extrakt oder 2 Tütchen Vanillezucker
abgeriebene Zitronenschale
750 g frische reife Erdbeeren
2 EL Zucker
einige Tropfen Zitronensaft

Masse in eine Springform verteilen und glatt streichen.

3 Für die Quarkmasse Schichtkäse und Quark mit den Eiern mit dem Handrührer mischen, dabei mit Zucker, Vanille und abgeriebener Zitronenschale würzen. Auf dem vorbereiteten Boden verteilen.

4 Den Kuchen eine halbe Stunde im mäßig warmen Ofen (150 Grad!) backen. Im Ofen auskühlen lassen, so bleibt er besser in Form, als wenn man ihn einem zu großen Temperaturunterschied aussetzt.

5 Die Erdbeeren waschen, auf Küchenpapier abtrocknen und entstielen. Dicht an dicht auf der Oberfläche verteilen.

6 Die restlichen Erdbeeren werden mit Zucker glatt gemixt und mit Zitronensaft abgeschmeckt. Sie schmecken als Sauce zur Quark-Erdbeer-Torte. Am besten in einer Sauciere getrennt dazu reichen.

TIPP

Ebenso hübsch und gewiss auch genauso köstlich ist es, wenn man statt der Erdbeeren Himbeeren oder Heidelbeeren verwendet. Sowohl als Belag auf dem Quarkboden wie auch für die Sauce, die zur Torte gereicht wird.

GETRÄNK

Es passt dazu am allerbesten ein prickelnder, nicht zu trockener Sekt. Eventuell sogar ein Rosé.

Blätterteigschnitten mit Himbeeren

Millefeuille, Tausendblättriges, sagt man dazu in Frankreich. Es handelt sich dabei um sehr zarte, filigrane Gebilde aus Blätterteig, gefüllt mit Vanillecreme und Himbeeren. Den Blätterteig kaufen wir fertig, aber wir verfeinern ihn noch: Die Teigplatten werden aufgetaut, mit Butter bestrichen, zusammengeklappt oder aufeinander gelegt und erneut ausgerollt. So bekommt der Blätterteig einen schönen Buttergeschmack und wird noch blättriger!
Gefüllt wird mit Vanillecreme, die ganz klassisch aus Eigelb, Zucker und Vanillemilch gekocht wird. Die Törtchen werden unbedingt erst unmittelbar vor dem Servieren zusammengesetzt, damit sie knusprig bleiben.

1 Zuerst die Vanillecreme herstellen: Die Milch aufkochen, Zucker darin schmelzen, den Vanillezucker einrühren. Die Eigelb mit der Stärke glatt rühren, unter die heiße Milch mischen, unter ständigem Rühren mit dem Holzlöffel heiß und dick werden lassen. Einmal aufwallen lassen, aber auf keinen Fall kochen, weil die Masse sonst gerinnt. Den Topf vom Feuer ziehen und in kaltes Wasser stellen. Rühren, bis die Creme abgekühlt ist!

ZUTATEN

Für vier bis sechs Personen:

1 Paket tiefgekühlter Blätterteig (450 g)
100 g Butter
100 g Zucker
500 g makellose Himbeeren

Vanillecreme:

3/8 l Milch
125 g Zucker
1 Tütchen Vanillezucker
4 Eigelb
1 EL Speisestärke

2 Die sechs Blätterteigplatten unterdessen nebeneinander liegend auf der Arbeitsplatte auftauen. Die Scheiben mit weicher Butter einstreichen, jeweils über die Butterseite zusammenklappen und wieder auf die ursprüngliche Größe ausrollen. Jede Platte in zwei Hälften schneiden.

3 Auf einem mit Backpapier bedeckten Blech auslegen, gleichmäßig mit Zucker bestreuen und mit einigen Butterflöckchen besetzen. Im 200 Grad heißen Backofen 20 bis 25 Minuten backen, bis die Teigstücke goldbraun geworden sind. Die Teigstücke waagerecht in zwei Hälften teilen. Wer mag, karamellisiert die Oberseite jetzt: Mit Zucker bestreuen und diesen mit einer Lötflamme (Campingbrenner) schmelzen.

4 Zum Servieren die Schnitten zusammensetzen: auf eine untere Blätterteigplatte dick Vanillecreme verstreichen und dicht mit Himbeeren besetzen. Mit der oberen Hälfte zudecken.

5 Die Schnitten nicht mehr lange stehen lassen, sondern servieren, bevor sie durch die Feuchtigkeit der Creme aufweichen können.

GETRÄNK

Zu den Millefeuilles passt natürlich Kaffee, aber am liebsten trinken wir dazu einen edelsüßen Wein, zum Beispiel von der Mosel.

Rhabarberkuchen

Saftig muss ein Obstkuchen sein, süß und säuerlich zugleich. Das gelingt am besten mit Rhabarber, den man allerdings sorgfältig putzen und schälen und schließlich genügend lange einzuckern muss. Die Rhabarberstücke werden dann in einen Rührteig gesteckt, der herrlich hochgeht und wunderbar krumig wird, wenn man ihn nur ausreichend lange gerührt hat. Schließlich sorgen auch noch ein wenig Backpulver für Luftigkeit und ein guter Schuss Orangenlikör für ein aromatisches Parfum.

ZUTATEN

Zutaten für eine Springform von 24 cm Durchmesser:

Rührteig:

150 g Butter, 150 g Zucker
3 Eier
abgeriebene Zitronenschale
2 EL Orangenlikör, 1 Prise Salz
1 Tütchen Vanillezucker
150 g Mehl, 50 g Stärke
2 TL Backpulver

Belag:

1 kg Rhabarber, 50 g Zucker
Puderzucker zum Bestäuben

1 Die Butter bei Zimmertemperatur weich werden lassen. In der Zwischenzeit die Form vorbereiten und den Rhabarber putzen.

2 Die weiche Butter in der Küchenmaschine oder mit dem Handrührer zu heller, weißer Creme schlagen, dabei langsam den Zucker hinzurieseln lassen und schließlich nacheinander die Eier zufügen. Wenn alles sich zu einer sahnigen, dicken Creme verbunden hat, mit Zitronenschale, Orangenlikör, Salz und Vanillezucker würzen.

3 Mehl, Stärke und Backpulver hinzusieben, rasch einarbeiten. Jetzt sollten sowohl die Form vorbereitet sein – mit Butter ausgestrichen und mit Mehl oder Zucker ausgestäubt – wie auch der Rhabarber geputzt – gefädelt und in Stücke von fünf Zentimeter Länge geschnitten.

4 Die Teigmasse in die Form füllen. Die Rhabarberstücke dicht an dicht nebeneinander hineinstecken, senkrecht von oben nach unten. Darauf achten, dass sich zwischen den einzelnen Rhabarberstücken eine Teigschicht befindet, und sei sie noch so dünn. Sonst wird der Kuchen zu feucht.

5 Den Kuchen bei 180 Grad eine Stunde backen. Um festzustellen, ob er wirklich gar ist, die Stäbchenprobe machen: Ein Holzstäbchen an der dicksten Teigstelle senkrecht hineinstechen – es muss absolut trocken wieder zum Vorschein kommen und sich warm an der Lippe anfühlen.

6 Den Kuchen zunächst fünf Minuten in der Form auskühlen lassen. Erst dann den Rand abnehmen und endgültig auskühlen lassen. Unbedingt einen Tortenheber verwenden, um ihn vom Springformboden auf die Tortenplatte zu transportieren. Vor dem Servieren mit Puderzucker bestäuben.

GETRÄNK

Am besten schmeckt der Kuchen noch eben lauwarm zum starken Kaffee, der ruhig mit einem Klecks Schlagsahne gekrönt sein darf!

Johannisbeer-Muffins

Das ideale Rezept, wenn einen die Lust auf Süßes packt und sofort gestillt sein möchte. Denn Muffins sind wirklich im Handumdrehen fertig. Und so kinderleicht gemacht, dass auch absolut ungeübte Bäcker damit zurechtkommen. Wichtig ist nur: Mehl und Backpulver müssen unbedingt zweimal gesiebt werden – einmal in eine Schüssel, dann zur eigentlichen Teigmasse, für die ein Ei, Puderzucker, Milch und geschmolzene Butter verrührt werden. Denn so duftig und locker, wie man sich Muffins wünscht, werden sie nur, wenn viel Luft in den Teig gelangt. Deshalb das Sieben! Aber: Man darf den Teig auf gar keinen Fall zu heftig und stark rühren, sonst wird er klebrig.
Es handelt sich hier um ein Grundrezept, das sich beliebig und ganz nach Jahreszeit und Saison abwandeln lässt, je nachdem, welche Früchte man zur Verfügung hat. Bequem sind die speziellen Papierförmchen, in denen der Teig gebacken wird. Entweder lose, auf einem Blech – dann allerdings muss man den Teig sehr behutsam einfüllen, damit die Papierförmchen nicht reißen. Es gibt aber auch spezielle Muffinförmchen aus Metall. Übrigens lösen sich die Törtchen auch hier leichter aus der Form, wenn man in die einzelnen Vertiefungen jeweils ein Papierhütchen stellt.

ZUTATEN

Für sechs Personen:
500 g Johannisbeeren
40 g Zucker, 150 g Mehl
1/2 TL Backpulver, 1 Ei
40 g Puderzucker, 100 g Milch
50 g geschmolzene Butter

1 Die Johannisbeeren putzen: also waschen und von den Rispen streifen. In einer Schüssel einzuckern und Saft ziehen lassen, bis alle übrigen Vorbereitungen erledigt sind.

2 Mehl und Backpulver in eine Schüssel sieben. In einer zweiten Schüssel das Ei, Puderzucker, Milch und die geschmolzene Butter sehr schnell glatt rühren. Mehl und Backpulver hinzusieben und rasch mit einem Rührlöffel einarbeiten. Zum Schluss Johannisbeeren mitsamt dem inzwischen ausgetretenen Saft unterrühren. In Papierförmchen verteilen. Darauf achten, dass diese nicht mehr als bis zu drei Vierteln gefüllt sind.

3 Bei 200 Grad etwa 20 Minuten backen, bis die Törtchen aufgegangen und schön braun geworden sind. Noch warm, bestäubt mit Puderzucker, servieren.

GETRÄNK

Dazu gibt's einen fruchtigen Weißwein, der ruhig eine gewisse Süße aufweisen darf.

Fisch ist köstlich

Fisch ist köstlich!

Wird immer mehr zur Lieblingsspeise: Fisch

Wer hätte sich vor wenigen Jahren träumen lassen, wie enorm die Nachfrage nach Fisch steigen wird. Natürlich hat das auch mit BSE und MKS zu tun und mit einem gesteigerten Bewusstsein, was die Qualität des Essens im Allgemeinen und die von Fleisch im Besonderen angeht. Man sucht die Alternative und findet sie im Meer und in den Flüssen. Erfreulich dabei: Diese lebhafte Nachfrage hat allmählich für ein fabelhaftes und immer besseres Angebot gesorgt. In den Städten sowieso, aber selbst auf dem Land kann man mittlerweile Fisch in phantastischer Qualität bekommen. Wir haben uns ganz verschiedene Stücke ausgesucht, um die unterschiedlichen Möglichkeiten zu zeigen, wie man Fisch zubereiten kann.

Der richtige Einkauf

Fischfilet muss appetitlich aussehen, das Fleisch fest wirken, nicht grau, sondern rosig frisch, oftmals sogar regenbogenmäßig schimmern.

Bei ganzen Fischen muss die Haut glänzen, die Schwanzflossen wie lebendig wirken, sie dürfen auf keinen Fall eingetrocknet sein. Man erkennt die Frische sofort am Glanz der gewölbten Augen (schlecht: trübe, eingefallene Augen), dem elastischen Fleisch, das nach Fingerdruck sofort wieder in seine alte Position zurückspringt (schlecht: wenn die Dellen bleiben), den leuchtend roten Kie-

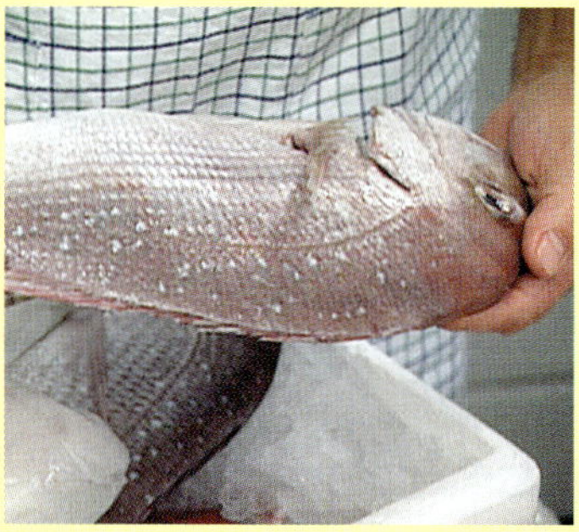

men (die nicht graubraun sein dürfen) und – nicht zuletzt – dem frischen Duft (ohne Beigeschmack von Ammoniak)! Filets dürfen keine gelblichen Ränder haben; die Haut ganzer Fische darf nur farblosen, keinen weißlichen Schleim aufweisen. Ob der Fisch tiefgekühlt war, muss Ihnen der Händler verlässlich sagen! Ob er aus einer Zucht stammt, im Prinzip auch... Und er sollte sich freuen, wenn er einen neugierigen Kunden vor sich hat, schließlich ist Fischhandel sein Beruf und (hoffentlich!) auch seine Leidenschaft.

Nicht so gern essen wir die Fische aus der Zucht, ob das Lachse sind oder die Doraden und Loups de mer, die man daran erkennt, dass sie alle die gleiche (nämlich Portions-)Größe haben und wie die Zinnsoldaten in der Auslage nebeneinander liegen. Ihr Fleisch ist nie so fest und kernig wie das der im freien Meer gefangenen Fische. Diese sind natürlich leider ein wenig teurer. Aber wir finden: lieber eine kleine Portion guten Fisch essen als eine große Portion schlechten! Schließlich wollen wir jetzt nicht vom Regen in die Traufe kommen und nach dem schnellmastgefütterten Fleisch dasselbe Desaster mit den Fischen erleben! Wenn wir also das Glück haben, eine wilde Dorade (Brasse) zu bekommen, einen schönen ganzen Rotbarsch, eine Rascasse, einen Knurrhahn – es ist im Grunde ganz egal was, wenn der Fisch nur frisch ist! –, dann greifen wir zu!

Nach dem Einkauf richtig versorgen!

Man sollte schon vor dem Einkauf daran denken, dass Fisch ein empfindliches Nahrungsmittel ist, deshalb ist es keinesfalls übertrieben, vor allem an heißen Tagen, mit einer Kühltasche zum Einkaufen zu gehen. Daran denken, die Kühlelemente rechtzeitig ins Gefrierfach zu legen! Aber der Fischhändler packt Ihnen sicher gern etwas Eis zusätzlich in die Tüte, falls Sie einen längeren Weg haben. Zu Hause sollte der Fisch unverzüglich aus seinem Einwickelpapier ausgepackt werden. Wickeln Sie die einzelnen Stücke in saubere Klarsichtfolie und betten Sie alles in Vorratsschalen auf Eis. Bis er zum Verzehr zubereitet wird, muss der Fisch gut gekühlt sein! Und: Den Fisch nicht direkt ins Eis legen, vor allem, wenn es sich um Filets handelt, damit er nicht wässrig wird, sondern ein Folienblatt dazwischen breiten. Ganze Fische dürfen ruhig direkt zwischen Eiswürfel gepackt werden, die Haut hält das Wasser ab! So kann man Fisch dann getrost zwei, drei Tage ohne Qualitäts-

verlust aufbewahren – denn richtig behandelt ist Fisch durchaus nicht so empfindlich!

Fisch ist gesund!

Mindestens einmal pro Woche sollte man Fisch essen, sagen die Ernährungswissenschaftler und ernährungskundigen Ärzte, besser sogar zweimal. Je öfter, desto besser. Denn Fisch liefert dem Körper höchst wertvolles Eiweiß, das er leichter als jedes andere Eiweiß aufschließen und verwerten kann. In Fisch stecken jede Menge Mineralien und Vitalstoffe, die den Cholesterinspiegel günstig beeinflussen und die Verfettung der Blutbahnen verhindern. Wenig Kalorien, dafür viel Inhaltsstoffe – Fisch ist also ein ideales, überaus bekömmliches Lebensmittel. Und eines, das obendrein gut schmeckt und sich unendlich vielseitig zubereiten lässt.

Tranchieren

Es ist nun mal so: An der Gräte gegart, schmeckt Fisch gleich noch mal so gut. Das Fleisch bekommt dadurch eine bessere Konsistenz, zugleich auch einen kräftigeren Geschmack! Damit die Stücke in perfekter Form auf die Teller gelangen, auch alle gerechte Portionen bekommen, ist es gut zu wissen, wie man dem Fisch zu Leibe rückt. Man bringt den Fisch am besten in seiner Form, direkt aus dem Ofen, auf den Tisch, wo man ihn in Portionen zerlegen kann. Das geht ganz einfach, wenn man sich an die Anatomie hält: Entlang der Mittellinie mit einem Fischmesser durchtrennen, dann lässt sich das gare Fleisch leicht nach oben und unten schieben und von den Gräten abheben. Die Bäckchen nicht vergessen! Und Vorsicht mit den Y-Gräten, die gern im Fleisch stecken bleiben.

Fischfilet und Fisch in Stücken

Wir beschäftigen uns zuerst mit Fischfilet. Das ist für alle richtig, die sich vor Gräten fürchten, außerdem kann man es praktisch überall bekommen, wenn nicht frisch, so doch wenigstens tiefgekühlt.

Gekochter Fisch

Man sollte sich nie ein bestimmtes Gericht vornehmen und dann zum Einkaufen gehen, vielmehr sollte man erst einmal schauen, was der Händler bietet, und dann entscheiden, was man kochen will! Kochen ist hierbei nicht der präzise Begriff, denn genau das sollte Fisch nie. Bei heftigen Bewegungen des Kochwassers würde das empfindliche Fleisch sofort ausflocken und trocken und zäh. Der Fisch – gleich ob es ein Süßwasserfisch, wie Forelle, Renke oder Karpfen, oder aus dem Meer die Rotbarben, die Merlane oder Seehechte sind – soll ins aufwallende Wasser (das heißt natürlich in den gewürzten Sud: entweder nur mit Salz gewürzt, gern aber auch mit Lorbeerblättern, anderen Kräutern, gehackten Zwiebeln und/oder Wurzelwerk und Wein) gelegt werden. Dadurch sinkt die Temperatur ja ohnehin, bevor sie jedoch erneut zum Kochen kommt, die Hitze stark herunterschalten. Im nur noch leise siedenden Wasser sollte der Fisch dann langsam gar ziehen. Das Wasser darf sich nur kaum merklich bewegen!

Filet vom Kabeljau in Olivenöl mit Linsen

Eine sehr einfache Garmethode, die immer gelingt und den Fisch besonders saftig geraten lässt und deshalb besonders gut für Anfänger geeignet ist: Die Fischstücke werden in reichlich Olivenöl gelegt, zusammen mit allerlei Gewürzen kurz unter dem Siedepunkt so lange gegart, bis die Stücke nicht mehr transparent aussehen, sondern weiß-opak. Das Öl darf auf keinen Fall kochen, sonst wird der Fisch trocken. Man braucht mehr Öl, als man zum einfachen Braten verwenden würde. Aber keine Angst vor Verschwendung: Das übrige Öl kann man natürlich immer wieder verwenden. Durch ein Sieb gefiltert und in einem Schraubglas oder in einer Gefrierdose gut verschlossen, hält es sich im Kühlschrank lange und lässt sich jederzeit zum Fischbraten oder -kochen verwenden.
Ein Wort zum Fischfilet: Fragen Sie Ihren Händler nach Rückenfiletstücken vom Kabeljau, den so genannten loins *(dieser englische Begriff wird normalerweise für die ausgelösten Rückenstränge vom Rind, Kalb oder Schwein verwendet; er bedeutet eigentlich Lende oder in der Metzgersprache »Rückenstrang«). Sie haben den Vorzug, dass sie über das ganze Stück hinweg die gleiche Garzeit brauchen, also nichts vorzeitig gar und damit trocken werden kann.*

ZUTATEN

Für vier Personen:
4 Portionsstücke vom Kalbeljaufilet à 200 g
Salz
ca. 1/4 l Olivenöl
2–3 Knoblauchzehen
1–2 getrocknete Chilischoten
1/2 TL Pfefferkörner
je 1–2 Zweige Thymian und Rosmarin

Linsen:
200 g kleine französische Berglinsen
Salz
1 Chilischote
Pfeffer
je 1 EL fein gehackte Schalotten, Petersilie und Basilikum
1–2 TL Balsamessig
1 EL Olivenöl

1 Die Fischstücke rundum salzen, nebeneinander in einen möglichst kleinen Topf betten, mit Öl bedecken und die Gewürze dazwischen verteilen. Langsam erhitzen, bis das Öl zu zittern beginnt. Die Fischstücke so unterhalb des Siedepunkts etwa zehn Minuten ziehen lassen, dabei aber genau beobachten: Sie dürfen nicht ins Kochen geraten; wenn sie weiß aussehen, den Topf beiseite ziehen. So kann man sie

übrigens auch eine Weile warm halten, wenn nicht unverzüglich serviert werden kann.

2 Für die Sauce vom Fischsaft, der sich am Topfboden sammelt, zwei kleine Kellen abschöpfen und in ein Schraubglas füllen. Heftig schütteln, bis dieser Saft mit dem mitgeschöpften Öl emulgiert. Falls nötig, in der Mikrowelle nochmals erhitzen!

TIPP

Wunderbar schmeckt es auch, wenn man einen Teil der Linsen im Mixer püriert und dabei etwas vom Kochsud zufügt, bis eine cremige Sauce entstanden ist. Gut abschmecken, vor allem mit einem Schuss Balsamico, und als zweite Sauce dekorativ auf dem Teller verteilen.

3 Die Linsen kann man bereits am Vortag ansetzen: Sie sind so klein, dass sich ein Einweichen erübrigt und sie trotzdem in etwa einer halben Stunde weich sind. Mit Wasser großzügig bedecken, salzen, die zerkrümelte Chilischote zufügen. Zugedeckt ganz leise eine halbe Stunde köcheln, die Linsen sollten zwar noch Biss haben, aber schön weich sein! Sie schließlich mit Salz, Pfeffer, Schalotten, reichlich fein geschnittenen Kräutern, Balsamessig und Olivenöl anmachen.

4 Zum Servieren ein Bett von Linsen auf den Tellern anrichten, jeweils ein Stück Fisch darauf betten, mit der Sauce aus dem Schraubglas übergießen und mit einigen Linsen, die man rundum streut, dekorieren.

GETRÄNK

Wir lieben dazu eine kraftvolle, trockene Riesling Spätlese von der Nahe – ein knackiger Wein, der zu den Linsen wie zum Olivenölparfum der Sauce bestens bestehen kann.

Heilbutt in der Folie

Wenn Sie sie bekommen, eignet sich auch eine Schnitte, also quer durch den Fisch geschnitten, mitsamt der Gräte. Der Fisch wird mit Tomaten und Oliven in Alufolie gepackt, dann lässt man ihn im Ofen gar ziehen – besonders praktisch für viele Gäste: Man kann die Päckchen vorbereiten, kalt stellen und braucht sie nur noch in den Ofen zu schieben, kurz bevor serviert werden soll. Jeder Gast bekommt dann sein eigenes Päckchen, das er auf seinem Teller auswickelt. Und was noch schön ist: Das Päckchenrezept kann man nach Lust, Laune und Vorräten immer wieder abwandeln, zum Beispiel auch auf thailändische Art, mit Currypaste gewürzt, mit Ingwer, Galgant und Thaibasilikum...

1 Vier Blatt Alufolie bereitlegen, groß genug, um die Fische mitsamt Belag einzuhüllen. Die Fischstücke rundum salzen und aus der Mühle pfeffern. Mit Öl einreiben und jeweils in die Mitte auf ein Stück Alufolie setzen.

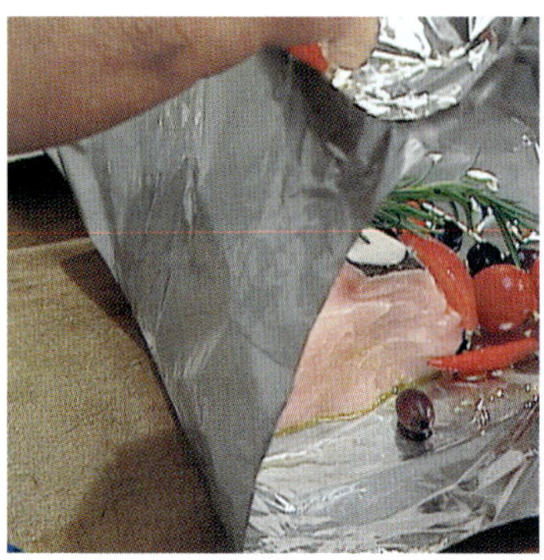

ZUTATEN

Für vier Personen:
4 Heilbuttschnitten
Salz, Pfeffer
3 EL Olivenöl
2 Tomaten
4 EL schwarze Oliven
2 Knoblauchzehen
verschiedene Kräuter
(Basilikum, Petersilie,
Kerbel oder Estragon)

2 Die Tomaten überbrühen, häuten, entkernen und in Würfel schneiden. Die Oliven entsteinen, dabei halbieren. Knoblauch sehr fein würfeln und die Kräuter in Streifen schneiden.

3 Alle diese würzenden Zutaten gerecht auf den Fischstücken verteilen. Die Päckchen verschließen: Dafür die Folie hochnehmen und über der Füllung sehr lose zusammenfalten – das heißt, es muss noch freier Luftraum über dem Fischstück herrschen. Die Päckchen an allen Seiten gut zusammenkniffen, damit nirgendwo etwas auslaufen, auch kein Dampf entweichen kann. Dann bei 200 Grad im vorgeheizten Ofen acht bis zehn Minuten garen, bis das Fischfleisch weiß und saftig ist.

Beilage: Dazu genügt krumiges Weißbrot zum Auftunken des Saftes aus dem Folienpaket. Wer mag, serviert dazu noch kleine Pell- oder Salzkartoffeln.

GETRÄNK

Wir mögen dazu einen im Barrique ausgebauten, sehr intensiven Weißburgunder aus der Pfalz, etwa vom Ökonomierat Rebholz aus Siebeldingen.

Seehechte aus dem Fisch-Sud

Vielleicht haben Sie ja Glück und bekommen kleine Seehechte; sie sind nämlich, wenn sie rund 150 bis 200 Gramm pro Stück wiegen, eine besonders zarte Delikatesse. Dann rechnet man zwei bis drei Stücke pro Person, und sie sind im Handumdrehen zubereitet: Im ausreichend großen Topf Wasser mit Meerwasserkonzentration aufkochen und die Fische darin gar ziehen lassen. Sie sind ausgesprochen fragil, deshalb gleich auf Tellern anrichten, und jeder Gast pflückt sich das Fleisch selbst von den Gräten. Allerdings: Eine Warnung vor den Gräten ist schon nötig! Wer sich davor fürchtet, sollte von diesen Fischen die Finger lassen! Die Zitronensauce dazu ist ebenfalls ohne große Mühe gemixt.

ZUTATEN

Für vier Personen:
8–10 kleine frische Seehechte (*naselli*, kleine *merluzzi*)
2 l Wasser
55 g Salz
2 Zitronen
180 g Olivenöl
3–4 große, frische Knoblauchzehen
Salz für die Sauce

1 Die Fische gründlich auswaschen, die schwarze Haut in der Bauchhöhle so gut es geht entfernen.
In einem Topf das Wasser zum Kochen bringen, salzen, die Fische einlegen und unter dem Siedepunkt vier bis fünf Minuten ziehen lassen – den Topf am besten bereits vom Feuer nehmen.

2 Den Zitronensaft auspressen – die leeren Schalen können Sie ins Kochwasser geben, sie verleihen ihm noch ein wenig Geschmack –, mit Öl und Knoblauch im Mixer pürieren, dabei salzen. Die Sauce sollte dicht und cremig sein. Zum Fisch servieren.

Beilage: Frisches Weißbrot.

GETRÄNK

Ein kräftiger Weißwein aus dem Süden, aus Sizilien etwa oder aus Südfrankreich – und alle sind glücklich!

Gedämpfter Rotbarsch à la chinoise

Einen ganzen Fisch wollen wir möglichst naturbelassen verspeisen: Ausgenommen hat ihn sicher bereits der Händler. Der Fisch wird zu Hause noch auf beiden Seiten mehrmals mit einem scharfen Messer oder mit einer Rasierklinge kreuzweise eingeschnitten, bis zur Gräte – so kann die Hitze besser eindringen und das Fleisch gart gleichmäßiger. Jetzt kann man den Fisch würzen und auf einer Platte im Wok dämpfen, wie es die Chinesen tun. Faustregel: pro Zentimeter Dicke zwei Minuten. Der Fisch ist gar, wenn sein Fleisch an der dicksten Stelle wie zimmerwarme Butter nachgibt und keinerlei elastischen Widerstand bietet. Dazu schmeckt ein rasch pfannengerührtes Gemüse, zum Beispiel Chinakohl oder Spinat.

ZUTATEN

Für vier Personen:
1 schöner Rotbarsch von ca. 2 kg
je 2 TL fein gewürfelter Knoblauch, Ingwer und Chili
2 Frühlingszwiebeln
1 gehäufter TL Zucker
2 EL Sojasauce
1 EL Sesamöl
frisches Koriandergrün

1 Den Rotbarsch mit einem scharfen Messer schräg auf jeder Seite bis auf die Gräte einritzen, drei bis vier Schnitte parallel nebeneinander setzen. In die Ritzen etwas Knoblauch, Ingwer und Chili reiben, den Fisch auf eine ovale, keinesfalls eine runde Platte betten. Jetzt mit fein geschnittenen Frühlingszwiebeln bestreuen. Den Fisch dann gleichmäßig mit Zucker bestreuen, mit Sojasauce und Sesamöl beträufeln, dann auf die andere Seite wenden, damit jetzt alles ziemlich gleichmäßig gewürzt ist.

2 Die Platte in den Wok setzen, der zwei Finger hoch mit Wasser gefüllt ist. Es wird nicht nötig sein, einen Untersatz hineinzustellen, denn die ovale Platte liegt weit über der Wasseroberfläche auf den gewölbten Wokwänden auf, und der Dampf kann frei zirkulieren (was bei einer runden Platte nicht möglich wäre).

Der ganze Fisch, das Meisterstück
Portionsfische wird man kochen beziehungsweise im Sud zubereiten. Größere Fische sind besser zu dämpfen.

3 Das Wasser im Wok schließlich zum Kochen bringen, den Fisch so zugedeckt etwa acht Minuten dämpfen. Mit frischem Koriandergrün bestreut sofort zu Tisch bringen.

Beilage: Körniger Duftreis.

GETRÄNK

Zu diesen intensiven Gewürzen passt am besten ein ebenfalls würziger Wein, etwa ein Gewürztraminer aus dem Elsass, ein Muskateller vom Kaiserstuhl oder ein Gelber Muskateller aus der Südsteiermark.

Knurrhahn in Tomatensauce

Fisch aus dem Ofen

Sehr köstlich (und wunderbar bequem) ist es, wenn man den Fisch mitsamt seinen Aromaten (Gewürzen) ins Rohr schiebt und dort ganz allein, ohne Aufsicht garen lässt: Auch hierzu schneidet man ihn kreuzweise ein; er wird aber diesmal auf mediterrane Art gewürzt, mit Tomaten, Olivenöl und Thymian.

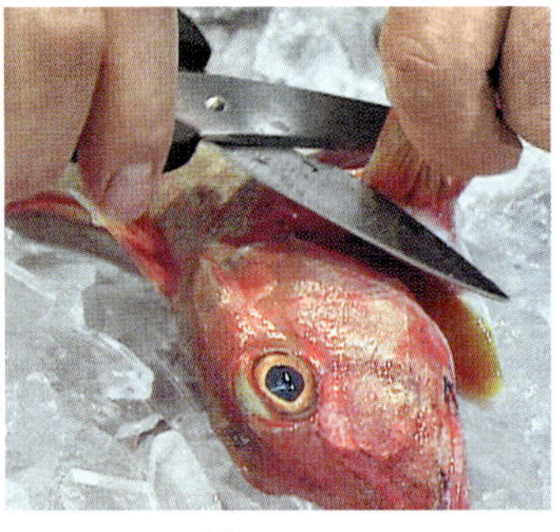

ZUTATEN

Für vier Personen:
2 schöne Knurrhähne (ca. 800 g)
2 große Zwiebeln
3 EL Olivenöl
4–6 Knoblauchzehen
1 große Dose geschälte Tomaten mitsamt dem Saft
ein Händchen voll Kräuter: Thymian, Rosmarin, Salbeiblätter, Salz, Pfeffer
ca. 1/4 l Weißwein

Der Fisch kommt direkt aus dem Ofen in seiner Form auf den Tisch, wo er seinen ganzen herrlichen Duft verströmen kann. Und wird dann vor den Augen der Gäste zerlegt.

1. Die Fische säubern, auf Küchenpapier abtropfen lassen. Wie im Rezept für gedämpften Fisch beschrieben, ihn mehrmals schräg auf jeder Seite bis auf die Gräte einkerben.

2. Die Zwiebeln schälen und in Ringe hobeln, im heißen Öl sanft andünsten, nur ganz wenig bräunen. Dies kann bereits in der Bratenform geschehen, in welcher der Fisch anschließend auch in den Ofen kommt. Wenn sie sich nicht dafür eignet, auf der Herdplatte benutzt zu werden, können die Zwiebeln auch schon im 200 Grad heißen Ofen gebräunt werden. Den gehackten Knoblauch mitdünsten. Schließlich die Tomaten samt Saft zufügen. Alles salzen, pfeffern und die Kräuter einlegen.

3. Die Fische mit Salz und Pfeffer einreiben, dabei die Gewürze gut in die Schlitze reiben. In das Tomatenbett legen. Dann für 15 bis 20 Minuten ins heiße Rohr schieben. Wenn sich das weiße Fischfleisch in den Schlitzen deutlich sichtbar nach außen wölbt, ist der Fisch gar.

GETRÄNK

Ein üppiger, kraftvoller Weißwein darf es hier sein, zum Beispiel ein runder Albariño aus Rias Baixas im Nordwesten Spaniens.

Fisch im Kartoffelbett

Wir haben dafür eine so genannte Ehrenbergbrasse genommen, ein stattliches Exemplar aus dem Mittelmeer. Sie können jede andere Brasse (Dorade) dafür verwenden, die Hauptsache, es ist ein ausreichend großer Fisch: für vier bis sechs Personen sollte er mindestens 2 kg haben!

ZUTATEN

Für vier Personen:
1 kg Kartoffeln
Salz, Pfeffer
Rosmarin
5 EL Olivenöl
1 große Brasse
Kräuter nach Geschmack: am besten ist frisches Fenchelgrün!
1/2 l trockener Weißwein

1 Die Kartoffeln schälen, in fingerdicke Scheiben schneiden und auf dem Boden einer ausreichend großen Form (um den Fisch bequem aufzunehmen) verteilen. Salzen, pfeffern, die Rosmarinzweiglein dazwischen verteilen. Mit drei Esslöffeln Olivenöl beträufeln, damit auch gut durchmischen, die Form schließlich in den auf 200 Grad vorgeheizten Ofen stellen, die Kartoffeln etwa 20 Minuten vorgaren.

2 Inzwischen den Fisch wie üblich säubern, gut auswaschen, an der Seite mit tiefen Einschnitten versehen, salzen, pfeffern, mit den gehackten Kräutern bestreuen und alles gut einmassieren.

3 Auf das Kartoffelbett setzen und mit dem restlichen Öl beträufeln. In den Ofen schieben, nach zehn Minuten den Wein angießen. Den Fisch für weitere 20 Minuten ins heiße Rohr schieben. Man sieht es, wenn er gar ist – dann wölbt sich sein Fleisch an den Einschnitten deutlich hervor. Und an seiner dicksten Stelle gibt das Fleisch sanft nach, etwa wie zimmerwarme Butter. In der Form zu Tisch bringen, dort zerteilen und den Gästen vorlegen.

GETRÄNK

Ein herzhafter, würziger Weißwein aus Sizilien, zum Beispiel ein Etna Bianco.

Nudelsaucen

Pastasaucen

Erst gute Saucen machen Nudeln richtig schön!

Pasta mag jeder! Und das Beste daran: Man kann jeden Tag Pasta essen, ohne sich das ganze Jahr über einmal wiederholen zu müssen. Etwas Vielseitigeres als die harmoniesüchtigen Nudeln gibt es nicht... Sie passen sich jedem Aroma, jeder Zutat an und ergeben jedesmal etwas Neues.
Pasta – für die Italiener der erste Hauptgang nach den Antipasti, den Kleinigkeiten vor der Pasta; stets zur angenehmen Sättigung in großen Portionen serviert, damit das zweite, das eigentliche Hauptgericht – teures Fleisch oder Fisch – in kleiner, den Gaumen entzückender Gabe ausreicht. Heute essen wir Pasta oft als einziges, leichtes, aber sättigendes Gericht: Nudeln machen glücklich!
Unsere Lieblingssaucen zur Pasta haben alle den Vorteil, dass sie ganz einfach zuzubereiten sind und dass man keine komplizierten Zutaten dafür braucht. Meistens hat man die Zutaten dafür bereits im Haus: Olivenöl und Knoblauch, Zwiebeln und Parmesan, Anchovis und Oliven in der Dose oder im Glas. Tomaten, je nach Jahreszeit frisch, als Püree im Glas oder eingefroren, geschält in der Dose. Frisches Basilikum kann man inzwischen fast das ganze Jahr über bekommen (zumindest beim Italiener). Garnelen warten in der Gefriertruhe auf ihren Einsatz und stehen blitzschnell zur Verfügung: Einfach in einer Schüssel mit kochendem Wasser überbrühen und eine Minute ziehen lassen, bevor man sie in einem Sieb unter kaltem Wasser sehr gründlich abspült. Die Garnelen sind fünf Minuten später perfekt für den Gebrauch!

Welche Pasta ist geeignet?

Für kurze, kräftige, intensive Saucen eignet sich am besten richtige *Pasta asciutta,* also Nudeln italienischer Art. Sie sind im Unterschied zu den bei uns üblichen Beilagennudeln stets aus Hartweizen hergestellt und immer ohne Ei! Sie behalten besseren Biss und eignen sich gut dazu, mit den würzigen, knappen Saucen vermischt zu werden. Welche Form man bevorzugt, ist Geschmackssache. Die Italiener treiben einen wahren Kult damit und erfinden alle naselang neue Arten. Von den Klassikern, wie Spaghetti oder Bandnudeln in unterschiedlichen Stärken und Breiten, über Maccaroni, den kurzen, dicken Rigatoni oder Penne. All die unzähligen Varianten, ob gedreht, glatt oder gerippt oder sonstwie geartet – in jedem Fall ist das Ziel, möglichst viel Sauce mit den Nudeln zum Mund zu transportieren. Deshalb schwören viele Nudelliebhaber auf die allerdünnsten Spaghetti, bevorzugen sie die Eiernudeln aus durchscheinend dünn ausgewelltem Teig.

Tipps zum Nudelkochen

Nudeln wollen in viel Wasser schwimmen, sonst werden sie pappig. Also immer den größten Topf nehmen, den Sie haben. Rechnen Sie pro hundert Gramm Nudeln einen Liter Wasser! Wenn Sie es zum Kochen bringen, bitte den Deckel auflegen, damit es schneller geht. Salz erst zufügen, wenn das Wasser kocht – weniger, weil das womöglich ein wenig Energie spart, wie kürzlich sich in der »ZEIT« die Wissenschaftler stritten, sondern eher, weil das kurzfristig Energie freisetzt, die Nudeln das Wasser also nicht zu sehr abkühlen, wenn man sie gebündelt hineinwirft,

und es nicht so lange dauert, bis das Wasser wieder wallend kocht. Diesen Tatbestand haben die streitenden Wissenschaftler nämlich völlig außer Acht gelassen. Per Empirie haben wir das längst bestätigt erlebt, deshalb ist uns dieser Streit herzlich wurscht!
Wichtigster Punkt beim Nudelkochen: Stets die Nudeln erst dann ins Wasser werfen, wenn gesichert ist, dass am Ende ihrer Kochzeit sowohl die Sauce wie die Gäste parat sind. Nudeln dürfen niemals warm gehalten werden! Eher warten die Gäste auf die Nudeln als umgekehrt. Und bitte kochen Sie nie! nie! nie! Nudeln schon mal vor. So viel Zeit muss immer sein, dass sie frisch gekocht werden, bevor serviert wird!
Und noch eins: Kein Öl ins Wasser! Niemals! Sonst bekommen die Nudeln eine zu glatte Oberfläche, an der die Sauce abrutscht, nicht haften bleibt!
Und drittens: Nie die Nudeln abgießen und abtropfen lassen – ein wenig anhaftendes Nudelwasser hilft mit seiner Stärke, dass die Sauce besser haftet! Immer auch eine Tasse Nudelkochwasser bis zum Schluss aufbewahren – ein Schuss davon in die Sauce oder unter die bereits angemachten Nudeln gemischt gibt ihnen Saftigkeit, macht sie geschmeidiger!

... und der richtige Käse

Was ist Pasta ohne Käse! Wir sprechen immer von Parmesan und sagen damit ganz und gar nichts: Es ist nämlich leider durchaus nicht alles empfehlenswert, was sich Parmesan nennt. Oder, anders gesagt: Es ist beileibe nicht immer echter Parmesan drin, wo Parmesan draufsteht. Es hat sich nämlich bei uns dieser Begriff für jeglichen Reibkäse eingebürgert, ob er nun tatsächlich aus Parma stammt oder sonstwoher, sehr zum Leidwesen der echten Parmesan-Produzenten.
Dabei liegen Welten zwischen dem richtigen Parmesan, nämlich dem einzigartigen Käse aus der Gegend um Parma, und dem, was man im Allgemeinen in einer billigen Parmesantüte findet. Sie sollten Letztere im Laden bitte liegen lassen, denn darin kann nichts Gutes stecken! Ohnehin sollte Käse stets frisch gerieben sein.
Wenn Sie guten Parmesan suchen, dann müssen Sie nur auf

die Rinde des gewaltigen Käselaibs achten – darauf ist nämlich sein Name eingedruckt: Parmigiano Reggiano, sofern es sich um das Original handelt. Nämlich den Käse, der nach strengen Regeln rund um Parma und Reggia in der Emilia hergestellt ist, einer Region in der Poebene Norditaliens, wo man sich seit mehr als tausend Jahren darauf versteht, diesen besonderen Käse mit seinem typischen, charakteristischen Geschmack zu produzieren. Es gelten für ihn strikte Regeln, die akribisch überwacht werden. Er muss mindestens zwölf Monate, beste Qualitäten können bis zu drei Jahre reifen. Echter Parmesan wird ausschließlich aus sorgfältig kontrollierter Rohmilch dieser Region hergestellt und gilt als der König unter den Käsen Italiens.
Sehr ähnlich ist der Grana Padano, der jedoch höchstens ein Jahr zu reifen braucht, aber das Verfahren sowie das Ergebnis sind ziemlich gleich. Er ist billiger zu haben, weil die Vorschriften für ihn nicht ganz so streng und auch nicht so schwierig einzuhalten sind.
Und schließlich gibt es noch einen dritten Käse, den man gern als Gewürz über die Pasta streut: Pecorino, im Unterschied zu den beiden ersteren aus Kuhmilch hergestellten Hartkäsen aus Schafsmilch produziert. Er ist herzhafter im Geschmack, oft auch fester in der Masse. Je länger er gelagert ist, desto besser wird er im Aroma und umso feiner lässt er sich reiben.

Tipps zum Aufbewahren und zum Reiben

Am besten hält sich der Käse am Stück, in ein feuchtes Tuch gehüllt, im Gemüsefach. Man sollte spätestens alle zwei Tage das Tuch mit kaltem Wasser ausspülen, damit es keinen muffigen Geschmack annimmt. Sollte der Käse Schimmel ansetzen, kann man diesen einfach abschneiden – dieser Käseschimmel am Rohmilchkäse ist keinerlei Gefahr. Hat man aus Versehen zu viel gerieben, lässt sich der Käse gut im Gefrierer ohne Geschmacksverlust aufbewahren (in Beuteln). Man kann ihn einfach gefroren über die heiße Pasta streuen – er taut sofort auf.
Zum Reiben braucht man eine feine Käse-Reibe mit scharfen Reiblöchern. Es finden sich im Haushaltsladen verschiedenste Modelle, mit denen man wahren Kult treiben kann. Sogar handliche Tischreiben in unterschiedlichster Ausführung – für alle, die sich den Käse vor jedem Bissen frisch über die Pasta reiben wollen.

Taglierini mit frischen Tomaten, Knoblauch & Basilikum

Das geht besonders fix, deshalb erst einmal Wasser aufsetzen, dann rasch die Tomaten würfeln, besser ist es, sie zuvor zu häuten. Also mit kochendem Wasser kurz überbrühen – aus dem Wasserkocher! Dafür die Tomaten auf keinen Fall einritzen, auch wenn Sie das immer wieder in den Rezepten empfohlen bekommen: Die Haut ist ein natürlicher Schutz für das Fruchtfleisch, das so nicht im Wasser aufgeweicht werden kann. Schälen empfiehlt sich in diesem Fall sogar für alle, die sich sonst diese Mühe nur ungern machen: denn die Sauce ist zwar eher ein Salat (wie kann es anders sein, wo der Hausherr doch alles lieber in Form von Salat isst!), aber sobald sie mit den heißen Nudeln vermischt wird, kringeln sich die Hautstückchen, und das findet sogar er nicht schön. Die Tomatenwürfel werden mit durchgepresstem Knoblauch, mit Balsamessig, Olivenöl und viel Basilikum gewürzt und in eine Schüssel gefüllt. Die Taglierini – das sind übrigens sehr feine Bandnüdelchen, die am besten schmecken, wenn sie frisch aus hauchdünn ausgewelltem Nudelteig geschnitten sind – kann man gottlob in vielen guten Geschäften (und beim Italiener!) auch getrocknet kaufen, und weil sie so zart und dünn sind, brauchen sie eben mal zwei Minuten im sprudelnd kochenden Wasser, bis sie gar sind. Mit einer Schaumkelle herausheben, unter die Tomaten mischen – fertig.

ZUTATEN

Für zwei Personen:
200 g Taglierini, Salz
3 reife Tomaten
2–3 Knoblauchzehen
Pfeffer, 1–2 EL Balsamico
3–4 EL duftendes Olivenöl extra vergine
reichlich frisches Basilikum

1 Die Tomaten ins kochende Nudelwasser halten, in eiskaltem Wasser abkühlen. Die Haut abziehen, die Früchte würfeln, mitsamt Kernen und Fruchtwasser in eine Schüssel geben. Mit durch die Presse gedrücktem Knoblauch würzen, großzügig pfeffern, mit Balsamico und Olivenöl anmachen.

2 Die Pasta im Salzwasser bissfest garen, kurz abtropfen, heiß mit dieser Sauce mischen, dabei zerzupfte Basilikumblätter unterrühren.

GETRÄNK

Ein leichter, frischer Weißwein passt zu der salatartigen Sauce am besten, ein Galestro aus der Toskana etwa oder ein Soave aus Venetien oder – das mag überraschen – ein trockener Gewürztraminer vom Kaiserstuhl, dessen geringe Säure und starkes Aroma einfach umwerfend gut zu den rohen Tomaten passen.

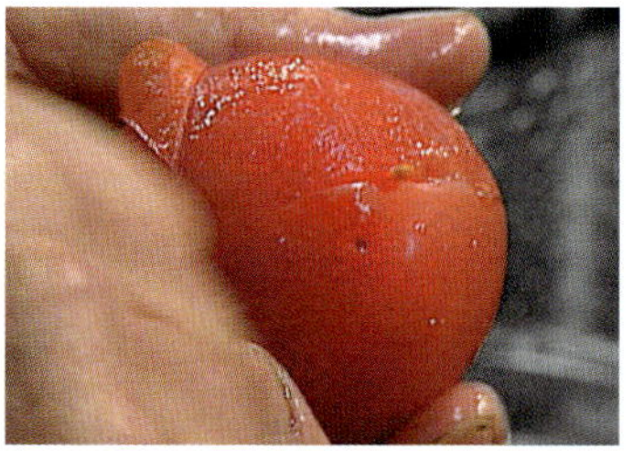

Spaghetti mit Tomaten, Knoblauch, Anchovis & Oliven

Wem die vorhergehende Pasta zu salatig vorkommt, zu wenig Bindung und Geschmeidigkeit hat, dem sei die folgende Variante empfohlen. Hier werden in Olivenöl die Zutaten sanft geschmort und miteinander verschmolzen: Anchovis, Knoblauch, Zwiebeln, Kapern, später kommen auch Basilikum und Tomatenwürfel hinzu – nach einigen Minuten sanften Köchelns hat sich alles innig verbunden und kann sich den Nudeln anschmiegen. Die Sauce bleibt an ihnen haften. Zusätzlich wird dieser Effekt unterstützt vom schmelzenden Käse, in diesem Fall geriebenem Pecorino, der sich mit seinem kräftigen Geschmack gut neben den intensiven Düften der anderen Zutaten zu behaupten weiß.

1 Die Zwiebel fein würfeln und in einer Pfanne im heißen Öl sanft weich dünsten. Erst dann den gehackten Knoblauch zufügen und schließlich die Anchovis. Auf mildem Feuer eine Minute schmurgeln, dabei die Anchovis etwas zerdrücken, bis sie fast geschmolzen sind. Kapern zufügen sowie gewürfelte Tomaten. Zwei Minuten köcheln, zerzupftes Basilikum unterrühren, mit Pfeffer würzen – Salz wird man kaum brauchen, denn die Anchovis bringen eine Menge davon mit. Schließlich eine kleine Schöpfkelle Nudelkochwasser zufügen und sprudelnd einkochen.

2 Die in Salzwasser bissfest gekochten Spaghetti tropfnass untermischen, alles mit frisch geriebenem Pecorino bestreuen. Sofort servieren.

GETRÄNK

Hier ist ein kräftiger Wein gefragt, der den starken Aromen entsprechen kann, ein Chardonnay etwa aus Sizilien oder ein Sauvignon blanc aus dem südlichen Chianti.

ZUTATEN

Für zwei Personen:
1 weiße Zwiebel
3 EL Olivenöl
3–4 Knoblauchzehen
8 Anchovisfilets
2 EL kleine Kapern
3–4 Tomaten
frisches Basilikum
Pfeffer
200 g Spaghetti
Salz
Pecorino

Pasta e Fagioli

Gehört zu Martinas Lieblingsgerichten: Kleine Pasta, zum Beispiel Ditalini (also in kurze Stücke geschnittene Penne) werden mit gekochten weißen Bohnen vermischt, von denen ein Teil püriert wurde. Hinein gehören außerdem reichlich Tomatenwürfel, es wird mit viel Basilikum gewürzt – im Sommer kann man ganze Hände voll davon verwenden, im Winter, wenn das Basilikum teuer ist, begnügt man sich mit ein paar Blättchen. Nur frisch muss es sein, denn getrocknetes Basilikum taugt nichts! Serviert wird im tiefen Teller, jeder würzt sich mit grob geschrotetem Pfeffer nach, mit einigen Tropfen Balsamico und mit frischem Olivenöl. Klar, dass frisch gekochte weiße Bohnen besser schmecken als solche aus der Dose; dasselbe gilt auch für das Tomatenpüree. Aber manchmal, wenn es ganz schnell gehen muss, ist beides erlaubt!

ZUTATEN

Für vier Personen:
300 g kurze Nudeln (Rigatoni, Ditalini, Maccheroncini)
Salz, 4 Tomaten
(oder 1 kleine Dose Pelati)
200 g gekochte weiße Bohnen (kleine Dose), 2 Knoblauchzehen
Pfeffer, Balsamico
frisches Basilikum

1. Die Nudeln in reichlich Salzwasser bissfest kochen. Die Tomaten auf einer Siebkelle ins kochende Wasser halten, abschrecken, dann häuten und würfeln. Die Hälfte der weißen Bohnen im Mixer pürieren. Dieses Püree mit den Tomaten aufkochen, den Knoblauch durch die Presse zufügen, pfeffern und mit Balsamico würzen. Die restlichen weißen Bohnen unterrühren sowie die tropfnasse Pasta. Alles mischen, das fein geschnittene Basilikum untermischen.

2. In tiefen Tellern servieren. Die Pfeffermühle auf den Tisch stellen, ebenso Balsamico und Olivenöl, damit sich jeder Gast seine Portion nach Gusto nachwürzen kann. Es wird mit dem Löffel gegessen, dazu Weißbrot reichen, damit man den Teller zum Schluss absolut sauber wischen kann.

TIPP

Beim Kochen der weißen Bohnen darauf achten, dass sie stets im nur leise siedenden Wasser köcheln, niemals heftig sprudelnd kochen. Das macht sie hart. Außerdem wichtig: Das Kochwasser reichlich bemessen, es sollte die Bohnen eine Handbreit bedecken, so bleiben sie auch nach der Garzeit noch unter dem Wasserspiegel. Und gleich von Anfang an ausreichend salzen, sonst nehmen die Bohnen das Salz nicht richtig auf!

GETRÄNK

Ein fruchtiger Rotwein, zum Beispiel ein einfacher Chianti classico von Felsina aus Castelnuovo Berardenga.

Pasta mit Thunfisch

Eine Dose Thunfisch hat man immer im Haus. Damit steht ebenfalls im Handumdrehn ein gutes Essen auf dem Tisch: Zwiebeln und Knoblauch in Olivenöl andünsten, ein paar gewürfelte Tomaten zufügen und mitschmurgeln, den Thunfisch zerpflücken und unterrühren. Gehackte Petersilie und gekochte Nudeln untermischen. Käse nach Gusto! Natürlich sollten Sie gerade beim Thunfisch auf Qualität achten. Einfachstes Merkmal für beste Ware: Er sollte in Olivenöl eingelegt sein, denn man kann ziemlich sicher sein, dass teures Olivenöl nicht mit minderem Fisch verschandelt wird. Die Finger lassen sollten Sie von Thunfisch, der au naturel *oder* im eigenen Saft *eingedost ist: Wer meint, aus Kalorienbewusstsein zu diesem greifen zu müssen, sollte lieber ganz darauf verzichten. Denn geschmacklich ist er, mit Verlaub, ein Graus!*

ZUTATEN

Für vier Personen:
1 mittelgroße Zwiebel
3 EL Olivenöl
4 Knoblauchzehen
4 Tomaten
(oder 1 kleine Dose Pelati)
Salz, Pfeffer
1 Dose Thunfisch in Olivenöl
(120 bis 200 g)
glattblättrige Petersilie
400 g Pasta

Die Zwiebel fein würfeln und im Öl andünsten. Gehackten Knoblauch sowie die gewürfelten Tomaten dazu. Durchschmurgeln, dabei salzen und pfeffern. Schließlich den zerpflückten Thunfisch, die gehackte Petersilie sowie die tropfnassen Pasta untermischen und abschmecken. Dazu gibt's einen vollen Weißwein aus dem Süden...

Pasta mit herzhaftem Fleischsugo

Wer jetzt meint: »So gar kein Fleisch – man muss es ja mit dem Vegetarismus nicht übertreiben!«, dem sei dieser kraftvolle Sugo ans Herz gelegt. Hierfür braucht man reichlich Zwiebeln, die mit Speckwürfeln in einer großen Pfanne angedünstet werden. Ein kräftiger, luftgetrockneter Speck aus Italien ist hierfür besser geeignet als der milde oder gar geräucherte, den man bei uns meistens hat. Man kann kraftvollen Speck oder pancetta *in guten italienischen Spezialläden finden. Hinzu kommen viel Knoblauch und schließlich Schweinemett. Dann frisches Tomatenpüree und Tomatenmark (für die Farbe) dazu, außerdem Fenchelsamen und Rotwein. Jetzt darf alles leise köcheln, bis ein konzentrierter, würziger Sugo entstanden ist. Der wird mit Rigatoni vermischt, die nicht ganz gar gekocht sind, weil sie im Sugo noch kurz mitköcheln dürfen. So nehmen sie den Geschmack noch intensiver an.*
Übrigens kann man statt Schweinemett auch jedes andere Fleisch verwenden, den Sugo mit winzigen Würfeln von Möhren und Sellerie anreichern. Klar ist außerdem, dass er umso intensiver schmeckt, je länger man ihn schmoren lässt. Geriebenen Käse dazu nimmt man nach Gusto – er ergänzt die Aromen und bringt sie zu neuer Harmonie.

ZUTATEN

Für vier bis sechs Personen:
2 große Zwiebeln
3 EL Olivenöl
100 g luftgetrockneter Speck
4–6 Knoblauchzehen
1 Rosmarinzweig
2–3 Thymianzweige
1 TL Fenchelsamen
50 g Salami in dicken Scheiben
500 g Schweinehackfleisch
1 Dose (oder Packung) Tomatenfleisch
2 EL Tomatenmark
1 Bund glattblättrige Petersilie
etwa 1/2 l Rotwein
2 EL Butter, 400 g Pasta

1 Die Zwiebeln fein würfeln und in einer großen, tiefen Pfanne oder in einem flachen Topf im heißen Öl andünsten, jedoch nicht bräunen.

2 Den Speck fein würfeln und zufügen. Nicht kross, sondern sehr sanft ausbraten. Den gewürfelten Knoblauch zufügen, außerdem die fein gehackten Rosmarinnadeln.

3 Thymian und Fenchel unterrühren und mitschmurgeln. Schließlich gewürfelte Salami

und das Schweinehack zufügen. Jetzt die Hitze verstärken, damit das Fleisch richtig brutzelt.

4 Erst wenn es ganz krümelig geworden ist, Tomatenfleisch und -mark zufügen. Die Petersilienstengel (Blätter abzupfen und beiseite legen) mitköcheln.

5 Den Rotwein erst nach und nach angießen, wenn die Sauce zu dick zu werden droht.

6 Den Sugo mindestens eine halbe, besser eine ganze, ruhig sogar zwei Stunden ganz leise mit nur lose aufgelegtem Deckel köcheln lassen. Ab und zu nachschauen und mit einem Schuss Rotwein oder Wasser verdünnen, falls zu viel Flüssigkeit verkocht und die Sauce anzusetzen droht.

7 Zum Schluss die Petersilienstiele herausfischen und wegwerfen, stattdessen die gehackten Blätter unterrühren sowie die Butter in der Sauce schmelzen. Die Sauce sollte jetzt konzentriert duften und schön dick aussehen. Wenn nötig mit Salz und Pfeffer abschmecken.

8 Schließlich die Pasta untermischen: ganz nach Lust und Laune entweder Spaghetti oder Maccaroni, gut passen auch kurze Nudeln wie Rigatoni oder Penne, auch Farfalle, Öhrchennudeln etc. ...

GETRÄNK

Hier passt ein kraftvoller Rotwein, zum Beispiel ein Primitivo, das ist eine autochthone, also »eingeborene« Rebsorte der Basilicata (die in Kalifornien Zinfandel heißt). Oder überhaupt ein kräftiger Rotwein aus den Abbruzzen oder aus Kalabrien, wo Weine gedeihen, die noch nicht so bekannt und teuer sind, aber von der Sonne verwöhnt, sehr würzig und vielschichtig.

Bandnudeln mit Garnelen und Zucchini

Zu zarten Eiernudeln passen Saucen, die mehr Flüssigkeit liefern: Sie sind empfindsamer als die Geschwister ohne Ei, verlangen also nach feineren Aromen. Hier werden Schalotten oder weiße Zwiebeln, Knoblauch und reichlich Zucchinistifte zusammen angedünstet, dazu kommen Garnelen, alles wird mit Brandy (italienischer Weinbrand) flambiert, mit ganz wenig Rahm eingekocht und mit einem guten Schuss Nudelwasser aufgefüllt, das mit seiner Stärke der Sauce eine kleine Bindung gibt. Erst zum Schluss werden die Nudeln untergemischt – geht ganz fix – und fertig ist ein hochelegantes Gericht! Deshalb wird der Käse übrigens nicht einfach darüber gerieben, sondern mit dem Hobel in hauchdünne Flöckchen geschabt und zum Schluss darüber gestreut – zusammen mit Kräutern. Am besten ist hier ein Trüffelhobel geeignet, der hauchfeine Scheibchen garantiert. Gut in diesem Fall arbeitet auch die Aufschnittmaschine, sofern sie über ein Schinkenmesser verfügt.

1 Die Garnelen in eine Schüssel geben, mit kochendem Wasser überbrühen, nach einer Minute abgießen und unter fließendem kaltem Wasser abspülen. Beiseite stellen.

ZUTATEN

Für vier Personen:
250 g Garnelenschwänze
2 Schalotten (weiße Zwiebeln)
3 EL Olivenöl
4 Knoblauchzehen
3 kleine Zucchini (300 g)
2 rote Chilischoten (Peperoncini)
1 großes Bund frisches Basilikum
Salz, Pfeffer
2 EL Brandy oder Cognac
100 g Sahne
400 g feine Bandnudeln

2 Schalotten oder Zwiebeln fein würfeln, im Öl andünsten, Knoblauch durch die Presse zufügen. Die Zucchini längs in kleinfingerkurze und dünne Stifte schneiden. Kurz mitdünsten, die Hitze etwas verstärken, damit sie Bratspuren bekommen. Die Chilis fein würfeln und hineinstreuen, die Hälfte des Basilikums zerzupfen und mitschmurgeln.

3 Die Garnelen zufügen, zwei Minuten dünsten, salzen und pfeffern. Den Cognac angießen,

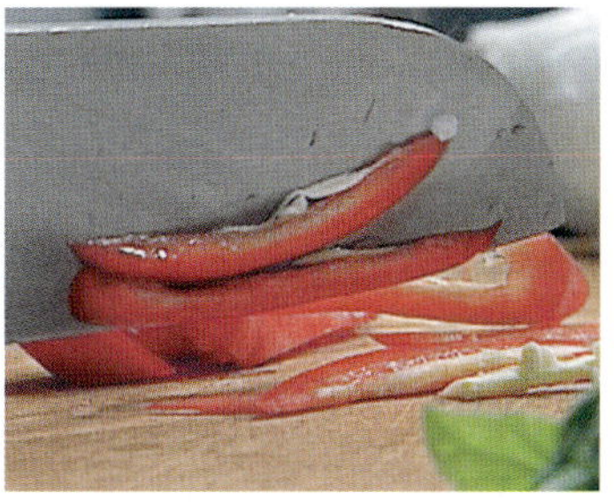

sofort anzünden und abbrennen lassen. Die Sahne zufügen und kräftig aufkochen. Schließlich mit etwas Nudelwasser die Sauce auf die gewünschte Konsistenz bringen und würzig abschmecken.

4 Die tropfnasse Pasta gründlich, aber behutsam untermischen, auf vorgewärmten Tellern anrichten, mit dem restlichen Basilikum garnieren und servieren.

GETRÄNK

Dazu passt ein Vermentino aus Sardinien oder Ligurien oder auch von der toskanischen Küste – Vermentino, so sagt man in Italien, schmeckt nur dann gut, wenn er das Meer gesehen hat (sprich: wenn er aus einer meernahen Lage stammt).

Fiesta mexicana

Fiesta mexicana

Party-Essen – feurig, fetzig, heiß

Für alle, die noch eine Idee brauchen, was sie bei einer Party ihren Gästen auftischen können, haben wir uns in der mexikanischen Küche umgetan: Dort liebt man kleine Leckerbissen und Happen, würzige Saucen und Dips, die mit Tacos oder Tortillas verspeist werden. Lauter Sachen, die ideal für die Party sind: Denn sie lassen sich gut vorbereiten, machen nicht viel Mühe und sind nicht so schrecklich teuer.
Hinzu kommt: Sie sind ein ideales Versteck für Reste. Sollte also zu viel vom Festtagsbraten oder dem Weihnachtskarpfen übrig sein – alles wird zu witzigen, pfiffigen Füllungen verarbeitet! Niemand wird erkennen, dass es sich hier um Reste handelt – alle werden glücklich sein, denn mexikanische Küche liebt Chilis, und Chilis sind scharf, und Schärfe macht glücklich!
Außerdem praktisch für die Gastgeber: Gegessen wird mit den Händen, die Teigfladen sind nicht nur Beilage, sondern auch essbarer Teller und Besteck. Man spart sich also viel Aufwand, braucht kein Geschirr auszuborgen – ein großer Stapel Servietten genügt!

Von Tacos & Tortillas

Tortillas sind Fladen aus Maismehl. Und je nachdem, wie die Tortillas gefüllt und wie sie gerollt oder gefaltet sind, tragen sie einen anderen Namen: *Tacos* nennt man sie, wenn sie zu Rollen gewickelt sind; sobald man eine Tasche eingeschnitten hat und dort hinein eine Füllung steckt, heißen sie *panuchos; picaditas* sind nur fingerlang und haben einen kleinen Rand; bei *quesadillas* ist immer Käse im Spiel und bei *enchiladas* besonders viele Chilis – es ist eine Wissenschaft für sich!
In jedem Fall ist der Teig dafür ziemlich fest. Das unterscheidet die Tortillas von unseren Pfannkuchen. Der Teig besteht aus Maismehl und Wasser und ist von der Konsistenz eher einem schnittfähigen Mürbteig ähnlich als einem ja meist mehr oder weniger flüssigen Pfannkuchenteig. Solch ein Teig ist schwierig zu behandeln, deswegen kaufen wir ausnahmsweise mal ein Fertigprodukt, wie das die mexikanischen Frauen im Allgemeinen auch tun. Wer Tortillas selber machen will, braucht nämlich eine spezielle Presse. Sie sieht etwa wie ein altmodisches Waffeleisen aus und ist aus stabilem, robustem Gusseisen. Das ist auch nötig, denn zwischen den beiden Platten wird eine etwa tischtennisballgroße Teigkugel zu einem dünnen Fladen ausgepresst, der einen Durchmesser von acht bis zwölf Zentimeter hat. Hausfrauen walzen die Teigkugel auch zwischen zwei Blatt Klarsichtfolie aus, aber die Presse gibt dem Fla-

den eine andere Struktur. Und weil die normalerweise in einem Haushalt nicht zur Verfügung steht, kann man praktischerweise diese pfannkuchenähnlichen Dinger fix und fertig zum Gebrauch überall kaufen. Sogar bei uns in jedem guten Supermarkt.
Dort findet man im Regal mit den ethnischen Zutaten die fertigen Tortillas, aber auch so genannte Taco-Shells und Taco-Chips. Die beiden Letzteren sind eine Fortentwicklung der Idee des essbaren Tellers oder Bestecks: In die gebogenen, knusprigen, halbmondförmigen Schälchen kann man die vorbereitete Füllung zum Aus-der-Hand-essen packen oder sie einfach neben die Schüsseln mit der Füllung zur Selbstbedienung legen. Genauso geht man mit den Chips um – im Prinzip ähnlich unseren Kartoffelchips, aber auch aus Maismehl – ideal, die Salsas oder kleinen Ragouts aufzustippen. Daneben findet sich im Supermarktregal eine Fülle von Saucen und Dips im Glas und in Flaschen. Aber die lassen wir bitte stehen: Wir bereiten die Saucen dazu lieber selber zu!

Salsas und Dips

A la mexicana bedeutet stets, dass mit Tomaten, Zwiebeln und Chilis gearbeitet wurde. Und damit sind bereits die wichtigsten Grundzutaten beisammen. Die Klassiker unter den mexikanischen Dipsaucen bestehen aus rohen Zutaten, haben eher Salatcharakter. Sie werden mit den Taco-Shells aufgedippt oder als erfrischende Begleitung zu den ja immer recht mächtigen und gehaltvollen Tortillas, Enchiladas oder Quesadillos serviert.

Avocado: Die Butter des Baumes!

Damit ist bereits erklärt, warum Avocados so wichtig in der mexikanischen Küche sind: Sie liefern

kostbares Fett – Butter oder Öl sind teurer als die grüne birnenförmige Frucht, die hier überall gedeiht. Dass dieses Fett auch extrem bekömmlich ist, weil es keine falschen Cholesterine fördert, voller Mineralien und Vitalstoffe steckt, ist eine höchst erfreuliche Begleiterscheinung. Und die Öle wirken, wie neueste Forschungen ergeben haben, der Arthrose entgegen!

Avocados müssen reif sein

Nur dann sind sie ein Genuss. Sie geben dann auf behutsamen Fingerdruck nach, etwa wie zimmerwarme Butter. Leider bekommt man Avocados in einem hiesigen Gemüseladen kaum jemals in diesem verzehrfähigen Zustand, denn sie halten sich dann höchstens noch zwei Tage; danach sind sie bereits überreif, werden außen und innen schwarz und ungenießbar. Man muss also die steinharten Früchte eine Woche vorher kaufen. So lange brauchen sie etwa bei Zimmertemperatur, bis sie butterweich sind. In Zeitungspapier eingewickelt oder mit Äpfeln, deren Äthylen die Reifung vorantreiben soll, in einer Plastiktüte verpackt, soll dieser Prozess schneller vonstatten gehen. Wir konnten allerdings keine Unterschiede feststellen.

Wie man mit Avocados umgeht

Vor der Verwendung wird die Avocado von ihrer ledrigen, dünnen Haut befreit, sie lässt sich ganz leicht abziehen. Man halbiert dann die Frucht mit einem Messer längs, spürt den dicken Stein in der Mitte, um den man herumschneiden muss. Jetzt lassen sich die beiden Hälften gegeneinander drehen und voneinander trennen. Der kugelförmige Stein in der Mitte bleibt in einer Hälfte stecken. Das nunmehr freiliegende Fruchtfleisch muss mit Zitronensaft eingerieben und dadurch vor Oxidation geschützt werden – so wird verhindert, dass sich das hellgrüne, appetitliche Fleisch bräunlich verfärbt.

Als Grundrezept für eine salzige Anrichtung wird das Fruchtfleisch in Scheiben geschnitten, gewürfelt oder mit einer Gabel zerdrückt, mit fein gewürfelter Schalotte, Chilis (Serrano), Tomatenwürfeln und Koriandergrün vermischt, mit Salz und Zitronensaft gewürzt. KEIN Öl, die Avocado liefert genügend Fett, nur Salz, Pfeffer und zerriebener Piment. Als Dessert liebt man das sahnig cremige Fleisch mit Zucker nach Geschmack gesüßt, pur oder mit Früchten zum Obstsalat vermischt, auch mit Eiswasser gemixt als erfrischendes Getränk.

Tipps zum Einkauf

Es gibt ganz verschiedene Sorten – im Herbst und Frühwinter beherrscht die dünnschalige, dunkelgrüne Ettinger den Markt. Die geschmacklich beste Avocadosorte, die ebenfalls in Israel angebaut und im Winter bis in den Frühling hinein geerntet wird, kommt bei uns nur zögerlich in den Handel, weil unkundige Käufer sie liegen lassen. Weil sie eher klein ist und ihre dunkle, harte, sehr schrumpelige Schale violett, fast schon schwarz wirkt, denken viele, sie sei bereits verdorben. Vielleicht liegt es aber auch an ihrem Namen, warum die Sorte nur schwer an den Käufer zu bringen ist: Ihr Name lautet Hass.

Tipp für Pflanzenfreunde

Eine Riesenfreude ist es, wenn man aus dem Stein eine Pflanze zieht. Das geht im Prinzip ganz einfach. Entgegen der landläufigen Empfehlung, den Kern mit einer Nadel zu durchstoßen und über Wasser aufzuhängen, haben wir die beste Erfahrung mit der einfachsten Lösung gemacht: Einfach mit der dicken Seite nach unten halb in Erde setzen, vorzugsweise in die Mitte eines Topfes, an dessen Rand andere Pflanzen stehen (etwa Stiefmütterchen oder Vergissmeinnicht). Dann ganz normal gießen – und wenn die Blumen, die den Kern bis jetzt in eine feuchte Atmosphäre gehüllt haben, verblüht sind, sprießt aus dem Kern eine Stange, die bald wunderschöne Blätter treibt und sich (hoffentlich) schön verzweigt.

Guacamole – Avocadosauce

Meist werden die Zutaten für die Guacamole – mole ist übrigens in Mexiko Synonym für Sauce – gewürfelt, sollte die Avocado sehr reif sein und das zarte Fruchtfleisch allzu leicht zerfallen, kann man sie ruhig auch mit einer Gabel zu einer Creme verrühren. Danach aber unbedingt durch ein Sieb passieren, denn bei sehr reifen Avocados sind die Stränge, die die sich bald bildenden Wurzeln aus dem Fruchtfleisch heraus mit Energie versorgen sollen, schon sehr ausgeprägt, und die Fasern können den Genuss empfindlich stören.

ZUTATEN

Für vier bis sechs Personen:
2 reife Avocados
1 Zitrone
Salz
1/2 TL Pfefferkörner
3–4 Pimentkörner
2–3 frische Chilischoten (scharfe Serrano oder Thaichilis, wer es milder mag, nimmt 1 türkischen oder holländischen Chili)
oder 1–2 getrocknete Chilis
2 Schalotten
Koriandergrün (ersatzweise frische Minze oder Dill)

1 Die Avocados schälen, den Stein herauslösen. Das Fruchtfleisch möglichst akkurat würfeln. In einer Schüssel sofort mit Zitronensaft beträufeln, damit es schön hellgrün bleibt.

2 Salz, Pfeffer- und Pimentkörner und, falls nur getrocknete Chilis zur Verfügung stehen, auch diese (nach Belieben entkernt, um die Schärfe zu mildern) im Mörser zu einem nicht zu feinen Pulver zerreiben.

3 Frische Chilis entkernen, fein würfeln. Schalotten ebenfalls fein würfeln. Alles mischen, dabei auch das fein gehackte Koriandergrün zufügen und mit der Gewürzmischung würzen.

TIPP

Frischer und etwas leichter wird die Avocadosauce, wenn man noch eine entkernte, gehäutete und gewürfelte Tomate unterrührt.

Salsa Mexicana – frische Tomatensauce

Tomaten, Zwiebeln und Chilis liefern sozusagen den Grundgeschmack, dem man in der mexikanischen Küche immer wieder begegnet: Dazu kommen noch Kräuter, allem vorneweg Koriandergrün, das man auch aus den Küchen Asiens kennt, und Epazote, ein Kraut, das nach Kampfer und Zitrone duftet und vielleicht durch Zitronenmelisse zu ersetzen ist. Für diese Universal-Salsa, die wirklich immer passt und eigentlich nie fehlen darf, wird alles – unbedingt von Hand, auf keinen Fall im Mixer! – fein gewürfelt und gewürzt – fertig. Es ist alles, wie immer, kinderleicht, es kommt allerdings entscheidend auf die Qualität der Zutaten an!

ZUTATEN

Für vier bis sechs Personen:
3 Tomaten
2 Zwiebeln
4–6 frische Chilis
3–4 Stengel Koriandergrün
Salz
Zitronensaft

TIPP

Sind die Tomaten nicht süß, eventuell mit etwas Zucker abschmecken.

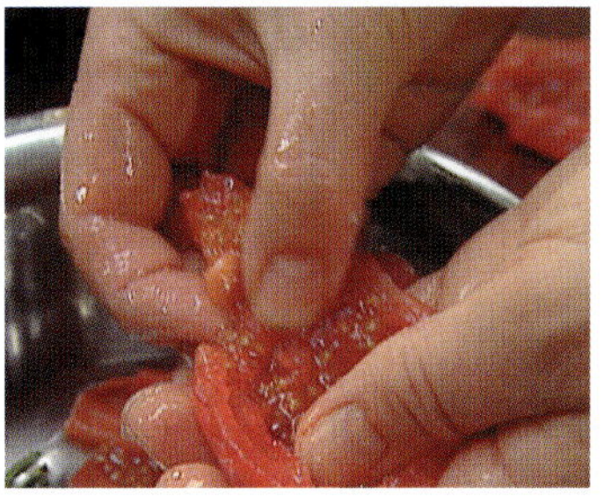

1. Tomaten häuten, entkernen, das Fleisch würfeln. Zwiebeln schälen, sehr fein würfeln, die Chilis entkernen und ebenfalls sehr fein würfeln.

2. Alles mit dem gehackten Koriandergrün mischen, dabei salzen und mit Zitronensaft würzen. Zugedeckt eine Stunde durchziehen lassen, damit sich alle Aromen miteinander vermählen können.

Teufelssauce

Eine Würzsauce, die auch zum Kotelett und zu Würstchen passt, natürlich viel besser schmeckt als das, was man so ähnlich in Flaschen kaufen kann: Es werden dafür Chilis, Zwiebeln, Knoblauch und Gewürze in Olivenöl angedünstet, weich gekocht, dann mit etwas Schokolade gebunden, gemixt, mit Zucker und Essig abgeschmeckt. Die dickflüssige Sauce hält sich im Schraubglas, natürlich im Kühlschrank, tagelang frisch. Man kann sie auch gut in größeren Mengen zubereiten und für den Vorrat sterilisieren.

ZUTATEN

Für vier bis sechs Personen:
250 g Chilis (siehe Tipp 2)
2 große Zwiebeln
8 Knoblauchzehen
100 g Olivenöl
1/2 TL Pfefferkörner
2 Pimentbeeren
1 Gewürznelke
3–4 Stückchen Schokolade
je 1 EL getrockneter Origano und Majoran
1 Gläschen Wasser
1 gestrichener TL Salz
1 EL Zucker
0,1 l Apfelessig

1. Die Chilis entkernen, mit den gewürfelten Zwiebeln und den geschälten Knoblauchzehen in einem Topf in heißem Öl anrösten. Sämtliche Gewürze zufügen. Wasser angießen, Salz und Zucker unterrühren. Zugedeckt eine Stunde leise köcheln, bis die Zwiebeln nahezu zerfallen. Ab und zu etwas Wasser oder Apfelwein angießen, damit nichts anbrennt. Zum Schluss die Schokoladenstückchen darin schmelzen.

2. Alles im Mixer pürieren; sollte der nicht stark genug sein, alles zu zerkleinern, die Masse durch ein Sieb streichen. Zurück in den Topf füllen, mit Salz, Zucker und Essig kräftig abschmecken. Einmal aufkochen. In Schraubgläser füllen und kalt stellen.

TIPP 1

Die Schokolade

als Gewürz ist für unseren Geschmack natürlich höchst verblüffend – aber in der mexikanischen Küche wird sehr viel mit Schokolade gekocht. Allerdings verwendet man Sorten mit hochprozentigem Kakaoanteil, die es bei uns freilich nur sehr selten gibt. Tafeln mit 82 Prozent Kakaoanteil sind noch manchmal zu finden, mit 90 oder gar 100 Prozent allerdings selten. In Spanien, Frankreich und Italien ist man schon eher auf diesen Geschmack gekommen. Eine Bezugsquelle für hochprozentige Schokolade finden Sie auf Seite 201. In guten Spezialgeschäften (Feinkost, große Kaufhäuser) werden jedoch zunehmend und immer wieder hochprozentige Schokoladen (Nestle, Lindt) angeboten. Es lohnt sich, Ausschau zu halten.

TIPP 2

Als Chilis

empfehlen sich besonders auch getrocknete mexikanische Chilis, die mild, aber sehr würzig schmecken. Auch die Mexikanerinnen bereiten ihre Saucen gerne aus Ancho oder Mulato, was nichts anderes als getrocknete Poblano-Chilis sind – die Saucen werden mit den durch Einweichen in Wasser wieder geschmeidig gemachten Früchten besonders sämig. Auch gut: Pasilla, wie die dunkelgrünen getrockneten Chilaca heißen. Für die Schärfe sorgt man dann ganz nach Geschmack mit mexikanischen Serrano oder Thaichilis oder sogar den höllisch scharfen Madame Jeanette aus Holland oder Martinique-Chilis. Die Holländer haben übrigens den Trend zu verschiedenen Chilisorten klar erkannt und bieten in schönen schwarzen Schachteln ein ganzes Sortiment verschieden scharfer und unterschiedlich aromatischer Schoten an. Bitten Sie Ihren Gemüsehändler, er möge beim Holland-Importeur nachfragen.

Gefüllte Tortillas...
...mit Kartoffeln und Chorizo

Hierfür braucht man gekochte Kartoffeln vom Vortag. Sie werden gewürfelt, mit Zwiebeln und Knoblauch in Olivenöl angebraten, es kommen kein Käse, nur Kräuter dran, außerdem gewürfelte Chorizo, das ist jene herzhafte Knoblauchwurst, die mit Paprika feurig gewürzt ist.

ZUTATEN

Für vier Personen:
4 Tortillas
4 gekochte Kartoffeln
1 Zwiebel
3 Knoblauchzehen
2 EL Olivenöl
Salz, Pfeffer
nach Belieben
getrockneter Oregano
3 Stengel Petersilie
2 Knoblauchwürste
(Chorizo)

1. Die Tortillas in der trockenen Pfanne oder auf einem Blech ausgebreitet im Backofen rösten, bis sie gut durchgewärmt und weich sind (siehe die Bilder auf der rechten Seite).

2. Die Kartoffeln schälen und zentimetergroß würfeln. Die Zwiebel fein hacken, den Knoblauch durch die Presse drücken. In einer Pfanne das Öl erhitzen, zuerst Zwiebeln und Knoblauch andünsten, dann die Kartoffelwürfel zufügen und mitbraten.

3. Mit Salz und Pfeffer würzen, außerdem großzügig den zwischen den Fingerspitzen zerrebelten Oregano darüber streuen. Zum Schluss die glatte Petersilie und die gewürfelte Wurst zufügen und nur erwärmen.

4. Die Füllung in die Tortillas wickeln, diese nach Belieben noch einmal kurz auf beiden Seiten anbraten.

5. Dazu schmeckt natürlich die Salsa Mexicana und als Getränk ein durstlöschendes Bier.

Gefüllte Tortillas – Grundprinzip

Eine fertig gekaufte Tortilla wird nicht so gegessen, wie sie aus der Packung kommt, sondern zunächst einmal in der trockenen Pfanne erwärmt, um sie wieder geschmeidig zu machen. Dann verteilt man zerbröselten oder gewürfelten Käse (das kann ein halbfester Schnittkäse wie der Manchego sein, Mozzarella ist gut geeignet, auch zerbröselter Feta) und Kräuter auf einer Hälfte (statt des in Mexiko dafür typischen Epazote kann man Basilikum nehmen, Zitronenmelisse, auch Dill – im Prinzip jedes intensiv duftende frische Kraut; auch getrocknete Kräuter, wie zum Beispiel Oregano oder Majoran, passen prima!). Die Tortilla wird schließlich zur Mitte zusammengeklappt und jetzt auf beiden Seiten in etwas Öl goldbraun gebacken. Dazu isst man eine der frischen Salsas oder Teufelssauce, die immer passt!

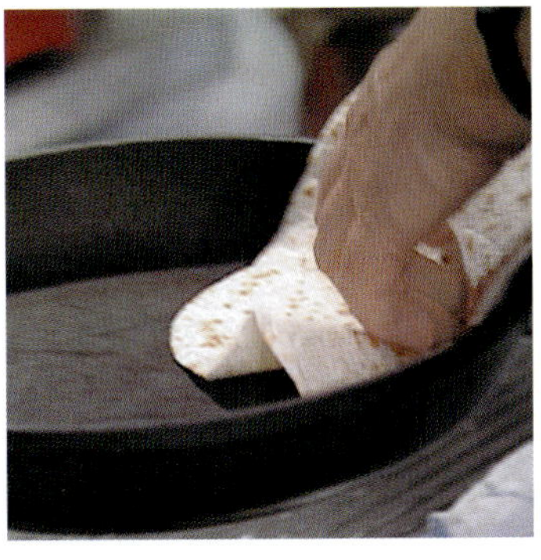

TIPP

Aus einem Rest schnell gemacht und besonders köstlich: Eine Füllung aus gedünstetem oder blanchiertem Spinat mit Mozzarella. Den Spinat auf dem Tortillafladen verteilen, mit Pfeffer und Muskat würzen. Mozzarella in zentimetergroßen Würfeln darauf betten und mit Paprikapulver bestreuen. Aufrollen und mit einer der drei Saucen verspeisen.

... mit Resten: in Zwiebel-Tomaten-Sauce

Schweine-, Rinder-, Reh- oder Lammbraten, Huhn, Gans, Ente oder sogar Karpfen – alles ist geeignet! Das Fleisch wird in Würfel geschnitten. Für eine Sauce werden Zwiebeln und Knoblauch in etwas Öl weich gedünstet, Tomaten und Chilis dazu, wieder etwas Schokolade, auch Kräuter, alles püriert und gut gewürzt.

1 Fleisch oder Fisch von Sehnen, Häuten oder Gräten befreien, zentimeterklein würfeln und beiseite stellen.

2 Zwiebel würfeln, Knoblauch schälen und grob hacken. Beides im heißen Öl sanft dünsten, bis die Zwiebeln weich sind. Die gehäuteten Tomaten zerdrückt zufügen, ebenso die gehackten Chilischoten. Mit Salz und Pfeffer würzen, Majoran unterrühren. Zugedeckt 20 Minuten sanft köcheln, bis die Gemüse sich nahezu von selbst auflösen. Schließlich die Schokolade darin auflösen und die Sauce damit binden.

ZUTATEN

Für vier Personen:
300 g Bratenfleisch (Reste)
1 große Zwiebel
5 Knoblauchzehen
2 EL Olivenöl
2–3 reife Fleischtomaten
3 Chilischoten, Salz, Pfeffer
1 gehäufter EL Majoran
20 g dunkle, bittere, möglichst reine Schokolade
Petersilie, Zitronensaft

3 Man kann diese Sauce nach Belieben so belassen – für festere Fleischsorten empfiehlt es sich, die Sauce stückig zu lassen, für zartes Fleisch und Fisch ist es allerdings besser, wenn man sie im Mixer püriert oder mit dem Pürierstab cremig aufschlägt.

4 Erst jetzt die Fleisch- oder Fischwürfel unterrühren und behutsam erwärmen. Zum Schluss reichlich gehackte Petersilie unterrühren und die Sauce mit Zitronensaft abschmecken.

5 Die Füllung in erwärmte Tortillas wickeln oder rollen, nach Belieben jetzt noch mit gewürfeltem Käse bestreuen und im Ofen überbacken.

GETRÄNK

Vorzugsweise Bier; eventuell aber nun doch ein Rotwein, der allerdings der Schokolade Widerpart leisten muss – etwa ein im Barrique ausgebauter Barbera oder einer der mächtigen, eichenholzbetonten Cabernet Sauvignons aus Kalifornien oder Chile.

... mit Ragout von Zucchini, Bohnenkernen, Paprika und Chili

In Mexiko liebt man rote oder schwarze Bohnen immer und in jeder Form – also auch im herzhaften Ragout zu Tortillas!

ZUTATEN

Für vier Personen:
1 Zwiebel
2 Knoblauchzehen
2 EL Olivenöl
1 kleiner Zucchino
je 1/2 grüner, roter und gelber Paprika
2–4 Chilischoten
1 Tasse Maiskörner
200 g gekochte Bohnenkerne
1 Tomate
Salz
1/2 TL Pfefferkörner
1 Nelke
3 Pimentbeeren
1 TL Oregano
Zucker
Dill oder Koriandergrün
eventuell Emmentaler, Manchego, Pecorino, Parmesan oder Bergkäse zum Überbacken

1. Zwiebel und Knoblauch würfeln und im heißen Öl andünsten. Das gewürfelte Zucchinifleisch mitbraten.

2. Die Paprikaschoten mit dem Sparschäler häuten oder, besser noch, über der Gasflamme auf eine Gabel gespießt rösten, bis die Haut Blasen schlägt und sich leicht abziehen lässt. Zentimetergroß würfeln und mitbraten. Chilis nach Belieben entkernen, fein würfeln und mitbraten.

3. Schließlich den Mais und die Bohnenkerne zufügen und das gewürfelte Tomatenfleisch. Leise köcheln, bis die Tomate schmilzt. Salz und die Gewürze im Mörser zerkleinern, das Gemüse damit würzen. Mit einer Zuckerprise abschmecken. Zum Schluss gehackte Kräuter unterrühren.

4. Dieses Ragout in Tortillafladen wickeln, eine Rolle oder kleine Päckchen aus dem Fladen formen. In jedem Fall werden die gefüllten Tortillas vor dem Servieren noch im Ofen überbacken. Dafür kann man sie trocken lassen, mit geriebenem Käse bestreuen oder etwas Teufelssauce darüber geben, damit sie schön scharf schmecken. Und wieder gehören dazu, sozusagen als Erfrischung, der Guacamole-Dip und die Salsa Mexicana.

GETRÄNK

Man trinkt viel Mineralwasser in Mexiko und natürlich Bier, dann jede Menge Fruchtsäfte. Außerdem Cocktails, die angeblich in Mexiko erfunden wurden: Die Engländer liebten es, ihren Rum zu mischen, und rührten das Ganze dann mit einem Holzlöffel um. Als eines Tages der Barmixer keinen Löffel mehr hatte, nahm er ein Stück einer Pflanze, dessen glatte Wurzel sich gut zum Rühren eignete. Sie sah aus wie ein Hahnenschwanz, a cock's tail... Na ja, wenn's nicht wahr ist, so ist es doch wenigstens eine schöne Geschichte!
Das Nationalgetränk Mexikos ist der Tequila, ein doppelt gebrannter Schnaps aus einer speziellen Agavenart. Man trinkt ihn pur zu einer Prise Salz, die man aus der Grube neben dem abgespreizten Daumen leckt – oder mixt eine

Margerita
Dafür werden 4 cl Tequila, 2 cl Cointreau und 2 cl frischer Limettensaft (den aus Dose oder Flasche finden wir scheußlich seifig) mit Eis gemixt. Serviert wird in einem Glas, dessen Rand mit Saft bestrichen und dann in Salz getaucht wird. Das Salz ist in der Hitze Mexikos nötig, um dem Körper dieses lebenswichtige Mineral zurückzugeben, das man dort in großen Mengen ausschwitzt. Bei einer flotten Party ja vielleicht auch...

Chinesische Highlights

Highlights aus dem Wok

Die chinesische Küche: leicht, bekömmlich und überall beliebt!

Chinesisch essen ist unglaublich beliebt, die Gerichte sind leicht, bekömmlich, knackig, frisch und im Allgemeinen wunderbar kalorienarm. Die Chinarestaurants bei uns sind voll, Asia-Imbissbuden gibt es an fast jeder Ecke, sogar die Fertigkost-Industrie hat den Zug der Zeit entdeckt und würzt auf einmal alles mit Sojasauce. Wir wollen hier zeigen, dass chinesische Küche mehr ist als alles klein schneiden und in den Wok schmeißen, sondern vielmehr eine hoch zivilisierte Küche, die älteste und traditionsreichste übrigens der Welt!

Natürlich kann man nicht von **einer** chinesischen Küche reden, dazu kocht man in den einzelnen Regionen des Riesenlandes viel zu unterschiedlich. Im Süden, in Kanton, kocht man milder, leichter, gemüsebetonter als beispielsweise im nördlichen Peking oder gar in der unwirtlichen Mandschurei, wo viel Lamm und fettes Yakfleisch eine Rolle spielen. Und im zentral gelegenen Szechuan isst man schärfer als im östlichen, dem Meer zugewandten Shanghai. Wenn wir also von der chinesischen Küche sprechen, meinen wir leichte, schnell im Wok zubereitete Gerichte, mit ihrem typischen Ingwer-Sojasaucen-Sesamöl-Duft. Und wir wollen mit dem Vorurteil aufräumen, chinesisch Kochen sei kompliziert und unerhört exotisch. Wir beweisen, dass man nur ganz wenige fremde Produkte braucht, damit's authentisch chinesisch schmeckt.

Was man zum chinesisch Kochen an Zutaten braucht

Ingwer, sozusagen als Universalgewürz: Die knubbelig verzweigte braune Knolle (botanisch nennt man sie Rhizom) liefert das entscheidende Aroma. Man bekommt frischen Ingwer inzwischen überall, bei jedem ordentlichen Gemüsehändler, sogar im Supermarkt. Dort allerdings ist er meist aus Brasilien importiert. Ingwer aus Asien ist im Allgemeinen würziger und weniger faserig. In jedem Fall sollten Sie beim Einkauf darauf achten, dass die Knolle prall und fest ist, die braune Haut glänzt. Schrumpeligen Ingwer liegen lassen, er besteht nur noch aus harten Fasern. Weil solcher Ingwer so häufig ist, hat man den Trick entwickelt, ihn statt zu würfeln durch die Knoblauchpresse zu drücken.

Man kann Ingwer drei bis vier Wochen lang im Gemüsefach aufbewahren. Übrigens kann man ihn in Blumenerde betten, wo er bei ausreichender Wärme alsbald austreibt und eine stabile Schilfpflanze entwickelt. In der Erde bildet er dann auch weitere Rhizome aus, die, jung und zart, besonders köstlich schmecken!

Knoblauch, den man ja schließlich auch bei uns überall verwendet, gehört unbedingt zum chinesischen Grundgeschmack. Es ist hoffentlich überflüssig darauf hinzuweisen, dass man frische Knollen verwenden sollte, kein Pulver, keine Paste oder sonst eine Konserve.
Sesamöl ist die dritte entscheidende Geschmackskomponente. Und zwar das Öl, das aus dem gerösteten Samen gepresst wurde. Nur dieses hat den typischen, charakteristisch nussigen Geschmack, der sich durch nichts ersetzen lässt und der alles sofort »chinesisch« duften lässt. Wichtig: Es wird mit diesem Öl nur teelöffelweise *gewürzt,* **nicht** darin allein *gebraten.* Es würde die Speisen zu schwer machen, zu fett und alle anderen Geschmäcke überdecken!
Chili kann, muss aber nicht eine Rolle spielen – im südostchinesischen Raum zum Beispiel ist Schärfe völlig verpönt. Erst weiter Richtung Süden, im Zentrum und nach Norden zu liebt man die Speisen schärfer.
Frühlingszwiebeln gehören überall zwingend dazu, als Würz- und auch als Farbakzent!
Koriandergrün: In nahezu allen Küchen Asiens so wichtig wie bei uns Petersilie! Überall wird es zum Schluss darüber gestreut, gibt dem Gericht appetitliche Farbe und seinen typischen Duft. Korianderblätter (die jungen sehen ähnlich aus wie Petersilie, die von der älteren Pflanze eher wie Dill) dürfen nicht mitkochen, weil sie in der Hitze ihr Aroma verlieren. Man kann aus dem Samen (es handelt sich tatsächlich um das uns vertraute Brotgewürz!) das Kraut mühelos sogar auf der Fensterbank ziehen. Es ist aber inzwischen in guten Gemüseläden erhältlich, im Asienladen sowieso.
Chinesische Nudeln: Man schätzt Eiernudeln (aus Weizenmehl), Reisnudeln (aus Reismehl) und Glasnudeln (aus Mungo-/Sojabohnenmehl). **Eiernudeln** werden

gekocht, wie europäische Nudeln auch (schließlich sollen die Nudeln ja ursprünglich aus China nach Europa gekommen sein), aber **Reisnudeln** und **Glasnudeln** werden lediglich mit kochendem Wasser überbrüht und eingeweicht.
Pilze: Tongupilze, Wolkenohrpilze (Mu-Err oder chinesische Morcheln) und weiße Morcheln kauft man stets getrocknet, sie werden vor Gebrauch mit heißem Wasser überbrüht und im langsam abkühlenden Wasser eingeweicht. **Tongupilze** (japanisch Shiitake) gibt's auch frisch, sie schmecken dann jedoch anders – ein Unterschied, den man bei uns ebenfalls kennt, wenn man frische und getrocknete Steinpilze vergleicht! In der chinesischen Küche bevorzugt man den Geschmack der getrockneten Pilze. Nach dem Einweichen schneidet man die Pilze in Streifen oder Viertel, der harte Stiel wird entfernt. **Wolkenohrpilze** muss man nur zerkleinern, wenn sie besonders groß sind, harte

Stiele werden entfernt. Das gilt ebenso für die **weißen Morcheln.**
Sojasauce: Die wichtigste, die Universalwürze in der chinesischen Küche! Ein Extrakt aus fermentierten, also eingemaischten und vergorenen Sojabohnen. Helle Sojasauce ist milder und, weil sie nicht so stark färbt, eher für helle Gerichte (Huhn, Kalb) geeignet. Dunkle chinesische Sojasauce, stärker gebraut und mit Zuckercouleur dunkel gefärbt, schmeckt konzentrierter und eignet sich besser für Schwein oder Rind. Japanische Sojasauce, die

man bei uns überall bekommt, entspricht der hellen (white) chinesischen Sojasauce und ist bestens für jeden Zweck geeignet. Indonesische Sojasauce (kecap) ist zu schwer und meist auch gesüßt. **Reiswein**, den man als würzende Flüssigkeit benutzt, wird aus fermentiertem Reis gebraut und hat einen ziemlich hohen Alkoholgehalt von ca. 17 Prozent. Man kann ihn mühelos durch Sherry ersetzen, der mit seinem kräftigen Geschmack eine ähnliche Wirkung erzielt. Man kann den trockenen Fino nehmen, besser sogar ist ein leicht süßer Oloroso oder Amontillado.

Küchentrick

Der Suppentopf: Wer klug ist, hat stets auf einer Herdplatte einen Topf bereitstehen, in den alle Abschnitte kommen, die beim Zurichten anfallen – Ingwerschalen, Gemüsereste, Hühnerknochen, Fleischparüren... Mit Wasser bedeckt köchelt alles leise vor sich hin, und am Ende ist eine Brühe fertig.

Der Reis

Unbedingt Langkornreis nehmen, geschält, aber auf keinen Fall parboiled. Letzterer ist ebenso ungeeignet für die Chinaküche wie ungeschälter Reis oder gar Kochbeutelreis, weil diese Reissorten so beschaffen sind, dass sie sich nicht mit der Sauce verbinden können. Außerdem müssen die Körnchen hauchzart aneinander haften, sonst lassen sie sich nicht mit Stäbchen essen. Nach Geschmack darf es thailändischer Duftreis oder neutraler Langkornreis sein; der aromatische, besonders schlankkörnige Basmati gehört eher zu indischen oder pakistanischen Gerichten.
Faustregel fürs Reiskochen: Eine Tasse Reis im leeren Topf erhitzen, mit eineinhalb Tassen Wasser auffüllen. Fünf Minuten sprudelnd kochen, bis nur noch eine dünne Wasserschicht auf der Oberfläche steht. Den Topf jetzt auf kleinstes Feuer setzen (Gas: Dämmplatte unterlegen!), 20 Minuten fest zugedeckt ausquellen lassen. Kein Salz, höchstens ein paar Körnchen. Oder, besser noch für alle, die gern und häufig chinesisch essen: Sie kaufen sich einen speziellen elektrischen Reiskocher, den es in jedem Asienladen für wenig Geld gibt. Darin gelingt der Reis stets perfekt, er kann niemals pappig werden. Und Sie haben eine Herdplatte mehr zur Verfügung.

Stilgerecht servieren, mit Stäbchen essen

Wir haben das Glück gehabt, Schälchen, Teller und Schüssel von der Tek Sing Dschunke in der Versteigerung zu ergattern, jenes legendäre Gebrauchsgeschirr von dem Handelsschiff, das vor 250 Jahren auf dem Weg von China nach England vor Indonesien sank und dessen Schätze Ende der neunziger Jahre durch Taucher gehoben wurden. Im Herbst 2000 wurden sie in einer gigantischen Großauktion in Stuttgart versteigert. Damit lässt sich natürlich ein wunderschöner Tisch decken. Aber es gibt unendlich viele Möglichkeiten, ein riesiges Angebot an chinesischem (und japanischem) Geschirr in den Asia-Geschäften, und auch in europäischen Läden kann man aus vielerlei chinesisch orientiertem Geschirr wählen – asiatische Dinge sind schön, edel und begehrt, und man findet sie in unglaublicher Vielfalt.

Auf alle Fälle braucht jeder Gast

zum chinesischen Essen ein Schälchen für den Reis, einen kleinen Teller, auf dem das Schälchen steht, und ein Paar Essstäbchen. Weiter sind schön: Teller, auf denen man seine einzelnen Bissen, die man aus der Schüssel in der Mitte mit seinen Stäbchen gefischt hat, ablegen kann. (Es ist nämlich verpönt, seinen Reis damit zu bekleckern – allerdings, ganz ehrlich: Wir tun das immer, weil wir finden, dass der Reis besser schmeckt, wenn er ein wenig mit Sauce durchtränkt und gewürzt ist...) Ferner gehören ein oder zwei Schälchen oder kleine Tellerchen für Würzsaucen auf den Tisch – wenn man mit Chilisauce schärfen, mit Senf würzen möchte. Schließlich ein Bänkchen für die Stäbchen – vergleichbar unseren Messerbänkchen –, auf denen man die Stäbchen parken kann, wenn man sie mal eben ablegen muss. Außerdem ein Schälchen für den Tee.

Wie man die Stäbchen handhabt

Auch wenn's vielleicht anfangs etwas mühsam ist, mit Stäbchen zu essen, sollte man es unbedingt mal probieren: Man befördert mit ihnen das Essen in seinen einzelnen Bestandteilen zum Mund, wo sie sich zu einem anderen Geschmackserlebnis verbinden als wenn man sie schon auf der Gabel vermischt verspeist.

Das Prinzip ist ganz einfach: Man legt zuerst ein Stäbchen in die Beuge zwischen Daumen und Zeigefinger, wo es festgehalten wird, aufgestützt auf dem Ringfinger bleibt dieses Stäbchen unbewegt. Dann nimmt man das zweite Stäbchen in die Hand wie einen Bleistift, den man mit Zeige- und Mittelfinger sowie dem Daumen beweglich hält. Beide Stäbchen müssen etwa in der Mitte gefasst werden und sollten vorn auf gleicher Höhe sein. Die Hand muss ganz locker bleiben – wer sich verkrampft, hat Probleme...

Was man trinkt

Tee ist das angesagte Getränk zum chinesischen Essen. Kaltes Wasser oder gar Wein sind unüb-

lich, allerdings trinken reiche Chinesen am liebsten Cognac oder Whisky zum Essen; nur nobelste Sorten, und davon reichlich und am liebsten ex: »Kampai« rufen sie dann lautstark, kippen alles runter und wehe, wenn einer schlapp macht!
Man bevorzugt grünen, also unfermentierten Tee zum chinesischen Essen; die im trockenen Zustand schwarzen Blätter präsentieren sich grün, sobald sie aufgebrüht sind. Wichtig: Tee niemals mit kochendem Wasser aufbrühen, das raubt ihm sein Parfum. Vielmehr den Kessel, sobald das Wasser aufkocht, vom Feuer ziehen, drei Sekunden warten, erst dann aufgießen. Und wenn die Kanne leer ist, kann man grüne Teeblätter bis zu zweimal erneut aufbrühen. In China legen die Gäste im Restaurant den Deckel umgedreht auf die Kanne, wenn sie leer ist. Dann weiß der Kellner, dass noch einmal aufgebrüht werden soll!

Natürlich passt auch Wein

In Europa können wir uns jedoch zur Chinaküche durchaus auch Wein vorstellen: Besonders duftige Sorten, mit ausgeprägtem Aroma, wie Muskateller, Traminer, Sauvignon blanc. Wir ziehen sie trocken ausgebaut vor, andere schwören auf eine leichte Restsüße. Aber kräftig sollten sie sein, ruhig im Holzfass gereift, damit sie den kräftigen Gewürzen und Düften standhalten können. Auch kraftvolle Chardonnays, Weiß- und Grauburgunder haben genügend Wumm, einem flammenden, aromenreichen Gericht aus dem Wok Widerpart zu leisten. Zu Lammfleisch, Innereien oder Wildgerichten gehen bestens junge, intensive und tief fruchtige Rotweine (Barbera aus dem Barrique!). Sekt, Champagner sowie Bier passen immer!

Der Wok

Jene halbrund geformte Eisenpfanne der Chinesen ist wie kein zweites Kochgerät dazu geeignet, mit wenig Energie auszukommen. Mit ihrer Rundung sitzt diese Pfanne genau über dem Zentrum der Feuerstelle, in einem eigens dafür ausgesparten Loch. So wird die größte Hitze an dieser Stelle gebündelt, während entlang den hochgezogenen Wänden die Temperatur immer geringer wird, weil der Wok in einem Ring sitzt, der das Aufsteigen der Hitze verhindert. Die Zutaten werden mithilfe einer Schaufel ununterbrochen in der gewölbten Pfanne durcheinander gewirbelt, so dass stets nur ein Teil davon im Hitzezentrum brät, während der Rest an den vergleichsweise kühleren Wänden nachziehen kann, also sanft und behutsam gar wird. Dank der außerordentlich hohen Temperaturen im Zentrum des Woks ist die Garzeit extrem kurz: Säfte, Farbe, Inhaltsstoffe, Mineralien und Vitamine, Struktur und Textur der Zutaten werden geschont oder bleiben erhalten, und man kommt mit einem Minimum an Fett aus. Kein Wunder, dass der Wok sich im ostasiatischen Raum bald durchgesetzt hatte. Bis heute ist er das Universal- und Allzweckgerät, das in keiner Küche im ganzen Fernen Osten fehlt – ganz gleich, ob in Thailand, Vietnam, Indonesien, Korea, Japan – überall wird man ihm begegnen.
Für die bei uns üblichen Elektro-

herde gibt es längst Woks, deren abgeflachter Boden sich auch für Herdplatten eignet. In diesem Fall allerdings genügt als Material nicht das billige Blech, man benötigt stabilere Materialien: Ideal ist ein Wok aus starkem, schwerem Eisenblech, das die Hitze perfekt weitergibt, innen emailliert, damit er sich leicht sauber halten lässt. Ungeeignet sind Woks aus Gusseisen, weil diese sich in ihrer Gesamtheit erwärmen und die Hitze speichern, man beim Kochen im Wok jedoch unbedingt kühlere Wandflächen braucht, an denen die Zutaten sich vom Hitzeschock ausruhen können. Es leuchtet ein, dass auch jene so genannten Tisch-Woks nur Spielzeug sein können – sie erreichen niemals die Hitze, die man fürs Kochen braucht!

Wer keinen Wok hat, behilft sich mit einer großen, schweren Pfanne mit möglichst weit hochgezogenen Wänden, die verhindern, dass die Zutaten herausfliegen, wenn man sie allzu heftig darin umherwirbelt.

Das Pfannenrühren

Das Braten unter ständigem Rühren und Umherwirbeln der Zutaten im Wok nennt man Unter-Rühren-Braten oder einfach kurz Pfannenrühren. Die halbkugelige Form des Woks spielt dafür die wichtigste Rolle. Eine genau dieser Rundung angepasste Metallschaufel sorgt dabei für den richtigen Schwung, mit einem normalen Kochlöffel oder einer üblichen Bratschaufel könnte man die Zutaten nicht in ausreichender Menge fassen und umherwirbeln. Und ganz wichtig ist: Nichts darf zu lange an einer Stelle hängen oder liegen bleiben, weil in der starken Hitze natürlich alles verbrennen würde.

Es leuchtet ein, dass auch westliche Gerichte, die aus klein geschnittenen Zutaten bestehen – zum Beispiel Geschnetzeltes – im Wok besonders gut gelingen. Was wir sonst dadurch zu vermeiden

versuchen, dass wir die Zutaten portionsweise anbraten, nämlich dass die Temperatur in der Pfanne zu stark sinkt und das Fleisch Saft zieht, geschieht im Wok sozusagen ganz von allein.

Was der Wok noch kann

Nicht nur zum Pfannenrühren, also zum Braten, ist der Wok geeignet. Vielmehr gibt es keine Garmethode, die sich im Wok nicht bewerkstelligen ließe. Natürlich kann man darin auch dünsten, schmoren, kochen. Ideal ist der Wok fürs Dämpfen, weil er genugend Platz bietet und man sogar große Stücke, wie zum Beispiel einen ganzen Fisch, darin unterbringen kann. Und fürs Frittieren ist er sogar besser geeignet als jeder andere Topf: Seine sich nach unten verjüngende Form ermöglicht, dass man mit einer geringen Menge an Fett auskommt und die auszubackenden Zutaten im weiten Rund genügend Oberfläche finden, um sich ausbreiten zu können und nicht aneinander zu stoßen.

Chinesische Hackfleischsauce

Es geht blitzschnell und ist so einfach, dass sogar ein Erstlingskoch damit brilliert: Ingwer, Knoblauch, Zwiebeln im Wok unter Rühren anbraten, Hackfleisch dazu, Frühlingszwiebeln, ablöschen mit Brühe, Sojasauce, Sherry – aufkochen und fertig. Zusammen mit gekochtem Reis bereits ein ganzes Essen! Unbedingt ein paar frische Korianderblätter darüber streuen...

ZUTATEN

Für zwei Personen:

2 Frühlingszwiebeln
1 Zwiebel
2 Knoblauchzehen
1 Stück Ingwer (etwa 2 cm)
2 EL Öl
1 EL Sesamöl
250 g gemischtes Hackfleisch
1 Chilischote
1/8 l Hühnerbrühe
3 EL Sojasauce
3 EL trockener Sherry
1/2 TL Speisestärke
1 TL Sesamöl
Koriandergrün zum Bestreuen

1 Die Frühlingszwiebeln waschen, putzen und in feine Ringe schneiden. Zwiebel, Knoblauch und den Ingwer schälen und fein hacken.

2 Den leeren Wok erhitzen, erst dann beide Ölsorten hineingießen. Darin das Hackfleisch unter

Rühren krümelig braten, Zwiebeln, Ingwer und Knoblauch zufügen – ebenso den Chili (frische Schote fein gewürfelt, getrocknete zerkrümelt) und das Weiße der Frühlingszwiebeln.

3 Hühnerbrühe, Sojasauce, Sherry, Stärke und Sesamöl verquirlen, angießen und einmal heftig aufkochen.

4 Die Sauce heiß zu gekochtem Reis servieren. Reichlich frisches Koriandergrün darüber streuen.

5 Die Sauce passt auch wunderbar zu Reisnudeln, die in einer Schüssel mit kochendem Wasser überbrüht und etwa zehn Minuten eingeweicht sind.

Gedämpfte Garnelen

Kinderleicht und schnell gemacht und wirklich umwerfend gut: Garnelenschwänze in ihrer Schale werden längs halbiert, mit der Schnittfläche nach oben auf eine Platte gebettet. Mit gewürfeltem Ingwer, Knoblauch, Chili und Koriandergrün bestreut, mit einigen Tropfen heller Sojasauce, Sesamöl und Sherry (Reiswein) beträufelt und über Dampf einige Minuten gegart.

1. Die Garnelen waschen, längs halbieren, mit der Schnittfläche nach oben nebeneinander auf eine Platte legen.

2. Ingwer, Knoblauch, Chili und die feinen Ringe der Frühlingszwiebeln gleichmäßig darauf verteilen. Salzen, pfeffern und mit Zucker würzen. Sojasauce, Sherry und Sesamöl darüber träufeln und mit der Hälfte der Korianderblätter bestreuen.

3. Die Platte auf einem Untersetzer in den Wok setzen, der zwei Finger hoch mit Wasser gefüllt ist. Zugedeckt etwa fünf bis acht Minuten dämpfen, bis das Garnelenfleisch nicht mehr glasig aussieht. Das restliche Koriandergrün darüber streuen, auf derselben Platte sofort zu Tisch bringen!

ZUTATEN

Für vier Personen:
8–12 schöne, große Garnelenschwänze in ihrer Schale
je 2 EL fein gewürfelter Ingwer und Knoblauch
1 TL fein geschnittene Chili
2 Frühlingszwiebeln
Salz, Pfeffer
Zucker
2 EL helle Sojasauce
2 EL Sherry, 1 EL Sesamöl
Koriandergrün

Hähnchenfleisch mit Bambus, Paprika und chinesischen Pilzen

Ein Grundrezept, das sich mit jeglichen Fleischsorten und allen Gemüsen abwandeln lässt. Wichtig für die Güte des ganzen Gerichts ist die Konsistenz des Fleisches. Es wird nach dem Zerkleinern – würfeln, in Scheibchen oder in Streifen schneiden – mit Speisestärke eingepudert; dieser Stärkefilm verbindet sich beim Braten mit dem in der Hitze koagulierenden Eiweiß zu einer Schutzhülle, die das Fleisch saftig hält. Dieser Küchentrick tut übrigens jeglichem geschnetzeltem Fleisch gut, auch in europäischen Rezepten!
Wichtig außerdem: Sämtliche Vorbereitungen müssen erledigt sein, wenn es ans eigentliche Kochen geht. Im heißen Wok geschieht alles so schnell, dass für diese Arbeiten währenddessen keine Zeit mehr bleibt.

TIPP

Wie schon auf Seite 147 erklärt, bevorzugen die Chinesen getrocknete Pilze. Wie hier rechts (von links oben nach rechts unten) zu sehen: Tongu- oder Shiitakepilze, Mu-Err beziehungsweise Wolkenohrpilze, die weißen Morcheln, auch Seidenblumen genannt. Im Bild S. 155 oben kann man erkennen, wie die Pilze aussehen, wenn sie eingeweicht und verwendungsfähig sind.

ZUTATEN

Für vier Personen:
300 g Hähnchenfleisch
1 TL Stärke
250 g gemischtes Gemüse (Maiskölbchen, Broccoli, Zucchini, Bambussprossen, rote Paprika, kleine grüne Spargel)
1 EL getrocknete chinesische Morcheln (siehe Tipp)
2 EL Öl, 1 EL Sesamöl
je 1 TL gehackter Ingwer, Knoblauch und Schalotte
Salz, Pfeffer
Zucker
1 EL Sojasauce
2 EL Sherry
2 EL Brühe

1 Das Fleisch in knapp zentimeterbreite Scheiben, diese in zentimetergroße Würfel schneiden, mit Stärke gründlich einreiben und marinieren lassen. Die Gemüse klein schneiden: Die Maiskölbchen längs halbieren, Broccoli (auch Blumenkohl oder Rosettenkohl) in kleine Röschen teilen, die Stiele in dünne Scheibchen schneiden, Zucchini längs in kleinfingerdünne Stifte schnei-

den, Bambus und Paprika in Streifen, am Fußende (wenn nötig) geschälten Spargel in schräge Abschnitte.

2 Das Fleisch am besten portionsweise im heißen Öl unter Rühren anbraten, dabei sofort Ingwer, Knoblauch und Schalotte zufügen, salzen, mit Pfeffer und Zucker würzen. Herausheben und warm stellen.

3 Im verbliebenen Fett nacheinander die Gemüse unter Rühren braten, und zwar die Gemüse mit längerer Garzeit zuerst, also zunächst die Broccolistiele, die Maiskölbchen und den Bambus, dann die zarteren Gemüse wie Zucchini, die Broccoliröschen, den Paprika und die Pilze unter Rühren mitbraten.

4 Sofort salzen, damit das Gemüse seine leuchtende Farbe behält, pfeffern und mit Zucker würzen. Sojasauce, Sherry und Brühe angießen. Kräftig aufkochen, das Fleisch erst nach zwei Minuten wieder zufügen. Alles auf starkem Feuer mischen, abschmecken und sofort servieren.

TIPP

Nach Gusto mit Chili schärfen – frische Schoten fein würfeln, getrocknete zerkrümeln und jeweils gleich zu Beginn mit dem Fleisch ins heiße Öl geben und mitbraten.

Knuspriger Schweinebauch auf Pak Soi

Lässt sich wunderbar vorbereiten. Und passt fabelhaft in ein chinesisches Menü – darin sollen sich nämlich die verschiedenen Garmethoden abwechseln. Das Fleisch unbedingt bereits einige Stunden vor dem Essen zubereiten, damit es abkühlen und gepresst werden kann. Nur so lässt es sich auf der Aufschnittmaschine in dünne Scheiben aufschneiden. An Stelle des Pak Soi (Japankohl) kann man auch Chinakohl nehmen.

ZUTATEN

Für sechs Personen:
1 kg durchwachsener Schweinebauch
je ca. 1/4 l Sojasauce, Sherry und Hühnerbrühe (oder Wasser)
2 Sternanis
60 g Zucker
2 Chilischoten (getrocknet)
1 TL Pfefferkörner

Pak Soi:
500 g Pak Soi (ersatzweise Chinakohl)
je 1 gehäufter TL fein gewürfelter Ingwer, Knoblauch und roter Chili
2 EL neutrales Öl
1 TL chinesisches Sesamöl
Salz, Pfeffer
Zucker

1 Die Schwarte des Schweinebauchs mit einem scharfen Messer einritzen, dabei die Schnitte sehr eng nebeneinander setzen, zuerst schräg in eine Richtung, dann um 90 Grad gedreht auch in die andere Richtung. Das Fleisch mit der Schwarte nach unten in einen möglichst genau passenden Topf betten, Sojasauce, Sherry und Hühnerbrühe angießen, bis das Fleisch gerade eben bedeckt ist. Sternanis, Zucker, Chilis und Pfefferkörner zufügen. Langsam zum Kochen bringen, dann mit einem nur lose aufliegenden Deckel etwa zwei Stunden leise köcheln.

2 Das Fleischstück nun mit der Schwarte nach oben auf eine Platte setzen und unter dem Grill etwa zehn Minuten knusprig grillen.

3 Abkühlen lassen, dabei mit Folie abdecken und mit einem Gewicht (Konservendose) beschweren, damit das Fleischstück flach gedrückt wird und eine gleichmäßige Form bekommt. Das ist wichtig, damit es sich auf der Aufschnittmaschine schön dünn aufschneiden lässt.

4 Zum Servieren den geputzten Pak Soi, die in Stücke geschnittenen Stiele zuerst, im Wok mit Ingwer, Knoblauch und Chili im heißen Öl rasch pfannenrühren. Nach einer Minute die Blätter zufügen, einmal umwenden, mit Salz, Pfeffer, Zucker, einem kleinen Schuss Kochsud vom Fleisch würzen.

5 Das Gemüse auf Tellern anrichten, den in dünne Scheiben geschnittenen Schweinebauch darauf drapieren und mit ganz wenig vom Kochsud, den man etwas einkochen kann, beträufeln.

TIPP

»Meistersauce« nennt man diesen Kochsud, in dem der Schweinebauch gegart wurde, und in jedem chinesischen Haushalt steht sie immer auf dem Herd oder im Kühlschrank parat. Man lässt auch Hühnerteile oder Kalbfleisch darin gar ziehen, würzt damit löffelweise andere Gerichte oder gibt sich einfach eine kleine Kelle davon auf den nackten Reis und hat im Handumdrehen ein ganzes Essen. Der Sud wird mit jeder Verwendung konzentrierter, und wenn zu viel verkochen sollte, wird mit frischer Sojasauce, Sherry oder Reiswein und einem Schuss Wasser aufgefüllt und mit zusätzlichen Gewürzen aufgefrischt. Eine solche Meistersauce hat so ein nahezu ewiges Leben. Im Kühlschrank bleibt sie tagelang frisch, wenn man sie regelmäßig aufkocht, kann sie nicht verderben. Wer für eine Weile keine Verwendung dafür hat, friert sie einfach ein. Man kann sie dann einfach dem frisch angesetzten Sud zufügen, um ihn zu verlängern (siehe Bild S. 156, rechts Mitte).

Chinesische Hühnerbrühe

Zum Schluss die Suppe

Desserts spielen in China keine Rolle, man isst höchstens frisches Obst zum Abschluss eines Essens. Aber eine Suppe darf auf keinen Fall fehlen, wohlgemerkt zum Schluss einer Mahlzeit, nicht zu Beginn: Denn sie soll auch noch das letzte freie Plätzchen im Magen ausfüllen. Und eine Suppe ist schnell zur Hand! Die Brühe, die die ganze Zeit über auf dem Herd vor sich hin geköchelt hat, wird durch ein Sieb gefiltert, und alles, was auf dem Arbeitsbrett liegen geblieben ist, findet darin Platz: Pilzscheibchen, Gemüsewürfel und schließlich eine Hand voll eingeweichter Glasnudeln – zum Schluss ein Händchen voll Koriandergrün, und fertig ist eine duftende, wohltuende, kräftige Suppe.

ZUTATEN

Grundrezept:
Knochen, Haut, Flügel und Hals eines Brathähnchens (oder 500 g Hühnerklein)
2–3 Frühlingszwiebeln
1 Stück Ingwer (etwa 3 cm)
2 EL Sherry
3 EL Sojasauce

Die Hühnerteile, wie bei den Zutaten beschrieben, in einen Topf betten. Frühlingszwiebeln putzen und in Stücke hacken, Ingwer schälen und mit der Messerschneide zerquetschen. Alles in den Topf geben, mit Sherry, Sojasauce und knapp 2 Liter Wasser auffüllen. Ohne Deckel langsam aufkochen, erst dann den Deckel auflegen und die Brühe etwa zwei Stunden ganz leise köcheln lassen.

TIPP

Es ist immer praktisch, einen solchen Suppentopf auf dem Herd stehen zu haben. Dort hinein wandert alles, was bei den Vorbereitungen zu den Mahlzeiten anfällt, die Teile vom Gemüse, die beim Putzen weggeschnitten werden, Strünke, äußere Blätter, Reste. Auch die so genannten Parüren, also jene Abschnitte, die beim Säubern von Fleischstücken übrig bleiben, Sehnen, Fett, Haut. Immer mal wieder auch Gewürze nachfüllen und mit Wasser bedecken.
Und wenn die Brühe drei, vier Stunden leise gesimmert hat, wird sie durch ein feines Sieb gefiltert und nach Gusto verwendet...

Hühnersuppe mit Reisnudeln

Ein Grundrezept, wie im Handumdrehen eine wohlschmeckende, wundervoll belebende Suppe auf dem Tisch steht: Reisnudeln mit kochendem Wasser überbrühen und zehn Minuten einweichen, dann abgießen und in Suppenschälchen verteilen. Die Nudeln mit einigen Tropfen Sesamöl und Sojasauce würzen, nach Belieben gehackten Ingwer, Knoblauch, Chili, Kräuter zufügen. Salatblätter in Streifen, Gurken in Würfeln, grünen Spargel in schrägen, etwa 2 cm langen Stücken, gekochten Schinken, in mundgerechte Stücke zerzupft, obendrauf verteilen und mit der kochend heißen Brühe auffüllen. Fertig ist eine aromatische, duftende, herrliche, belebende Suppe!

Backen zum Advent

Alle Jahre wieder: Backen

Backen für die Weihnachtszeit: Plätzchen, Schnittchen und eine Tarte

Irgendwie packt es jeden in dieser Jahreszeit: Wenn es draußen kalt ist und früh dunkel wird, möchte man es sich gemütlich machen. Und man bekommt Lust aufs Backen. Nicht nur auf die Plätzchen für den Weihnachtsteller – zwischendurch kann es auch einfach mal etwas Süßes für die Kaffeetafel sein. Wir haben uns in unseren Nachbarländern umgeschaut und neue Rezepte mitgebracht.

Es sind Gebäcke, die man gleich essen kann; sie lassen sich (außer der Früchte-Tarte) aber natürlich auch für den bunten Plätzchenteller zu Weihnachten aufbewahren. Weil sie alle viel Butter und Zucker enthalten, bleiben sie tatsächlich lange frisch. Es gilt für alles Gebäck: Zunächst gut auskühlen lassen, erst dann verpacken. Und zwar vorsichtig in große Blechdosen geschichtet; stets ein Blatt Butterbrot- oder Seidenpapier zwischen die Schichten breiten, damit nichts aneinander klebt. Die Dosen sollten gut schließen – weil diese Gebäcke ohnehin sehr saftig sind, wird es nicht nötig sein, einen Apfelschnitz dazwischen zu betten, wie man das bei Baisers oder bei Mürbteiggebäck tut, um es vor dem Austrocknen zu bewahren und damit es mürbe wird.

Die wichtigsten Tipps, damit das Backen gelingt

Im Prinzip gelten immer dieselben Regeln:

- Stets zuerst das gesamte Rezept durchlesen, damit man sämtliche Zutaten bereitstellen kann! Schließlich ist es wichtig, ob die Butter weich sein soll oder direkt aus dem Kühlschrank kommen muss. Auch bedarf es immer einiger Zeit, bis Nüsse oder Mandeln geschält und die Rosinen eingeweicht sind und sich ausreichend mit Flüssigkeit vollgesogen haben.
- Genügend Bleche vorbereiten. Falls man (wie wohl die meisten Menschen) nur zwei besitzt: Den Bratrost aus dem Backofen mit Alufolie umwickeln! Und: Statt auf das Blech die Plätzchen oder das Gebäck auf Backpapier setzen. Dieses lässt sich dann, sobald ein Blech frei geworden ist, leicht auf das Blech hinüber ziehen.
- Praktisch: Backfolie, auch Backmatte genannt. Eine neue Erfindung: ein backblechgroßes Stück hitzestabiler Spezial-Kunststoff, der Einfetten überflüssig macht. Man kann die Folie immer wieder verwenden, sie lässt sich leicht abwaschen. Nur: Gegen Messer ist sie empfindlich, niemals also auf der Backfolie schneiden!
- Die Gebäckdosen gründlich mit Spülmittel und anschließend mit viel frischem Wasser auswaschen, bevor man sie füllt. Und natürlich sehr gut an der Luft trocknen lassen, damit nichts rostet oder gar ein muffiger Geruch entsteht!
- Backzeiten: Wir arbeiten beim Backen meistens mit Umluft, weil dann im ganzen Ofen etwa die gleiche Temperatur herrscht. Im Allgemeinen braucht man dann die Bleche nach der halben Zeit nicht umzudrehen, damit die

zuvor an der Ofenwand befindlichen Teile nicht zu früh zu dunkel werden. Denn an der Ofentür herrschen in normalen Haushaltsöfen meist etwas geringere Temperaturen. Haushaltsherde sind ohnehin selten wirklich verlässlich. Misstrauische Naturen besorgen sich am besten ein Ofenthermometer, dann kann man besser überprüfen, ob die eingestellte Temperatur mit der tatsächlichen übereinstimmt. Noch besser allerdings: sich nicht blind auf die Zeitangaben verlassen, sondern lieber immer mal wieder nachschauen, ob das Gebäck vielleicht doch zu schnell zu dunkel wird. Denn jeder Herd ist anders, und wir können uns auch nur auf den berufen, mit dem wir arbeiten!

Worauf es bei den Backzutaten ankommt

Butter: Es versteht sich ja von selbst, dass Sie möglichst frische Butter zum Backen verwenden. Wir haben mit Süßrahmbutter die besten Erfahrungen gemacht, nicht nur wegen des reinen Geschmacks, mehr noch, weil Süßrahmbutter sich besser sahnig aufschlagen lässt, nicht so leicht gerinnt oder flockig wird.

Nüsse & Mandeln: Möglichst frische Nüsse kaufen. Leider sind die Tüten ja nur selten mit Frischedatum versehen, man hat deshalb keine exakte Kontrolle. Allerdings sollten Sie übrig gebliebene Nüsse auf keinen Fall bis zum nächsten Weihnachtsfest in Ihrer Backschublade aufbe-

wahren. Sollte etwas übrig bleiben, dann unbedingt einfrieren. So bleiben die fetthaltigen und deshalb leicht zum Ranzigwerden neigenden Nüsse länger frisch. Und: Kaufen Sie stets lieber ungeschälte Mandeln und Haselnüsse – das braune Häutchen, das sie umschließt, schützt sie!

Haselnüsse: Sie schmecken immer besser, wenn man sie vor dem Verarbeiten röstet. Dadurch werden ganz neue Aromen aktiviert. Man röstet kleine Portionen in der trockenen Pfanne, nur so viele auf einmal, wie nebeneinander auf dem Pfannenboden Platz haben. Und immer wieder rütteln, damit sie sich drehen und keine schwarzen Stellen bekommen. Große Portionen auf einem Backblech im heißen Ofen (bei 180 bis 200 Grad), auch dann immer wieder mal am Blech rütteln, damit die Nüsse rundum von der trockenen Hitze im Ofen erreicht werden und nicht verbrennen. Außerdem haben Sie die Nüsse dann im Blick und es kann Ihnen nicht passieren, dass sie plötzlich zu dunkel geraten.

Rosinen: Man braucht häufig in Rum eingelegte Rosinen. Damit man sie immer zur Hand hat, füllt man am besten eine große Portion in ein ausreichend großes Schraubglas und bedeckt sie mit Rum. Jetzt haben sie bis zum nächsten Gebrauch ausreichend Zeit, sich mit Rum vollzusaugen.

Vanillezucker: Am besten schmeckt die echte Vanille, die man als Pulver oder deren Extrakt man in Flaschen kaufen kann. Neben *Vanillin*-Zucker, der mit künstlichem Aromastoff gewürzt ist, gibt es *Vanille*-Zucker, mit echter Vanille. Achten Sie auf das Etikett! Warum sollten Sie künstliche Aromastoffe nehmen, wenn die natürlichen doch einfach besser schmecken? Achtung: *naturidentische* Aromastoffe sind keine *natürlichen* Aromen, auch wenn der Begriff das suggeriert, sondern die schiere Kunst, das heißt Chemie!

Sie können sich Vanillezucker leicht selber herstellen: Vanillestangen aufschlitzen, das Mark herauskratzen und mit Zucker vermischen. Rechnen Sie auf 250 g Zucker eine Vanillestange. Und in Zukunft packen Sie alle Vanillestangen, die Sie in der Küche verwenden, auch nach dem Auskratzen in das Glas mit Ihrem Vanillezucker – sie geben immer noch eine Menge Duft ab!

Ricciarelli

Das ist jenes verführerisch köstliche Mandelgebäck aus der Toskana, genauer aus Siena, das man nicht nur zu Weihnachten zum Espresso schätzt. Ricciarelli sind mürbe und saftig – dank des hohen Mandelanteils, der wie Marzipan verarbeitet wird. In einer dicht verschlossenen Dose halten sie sich übrigens gut wochenlang frisch. Wie gesagt, besser ungeschälte Mandeln nehmen. Zum Schälen werden sie mit kochendem Wasser überbrüht, man lässt sie einige Zeit durchziehen und einweichen. Das macht sie saftiger.

ZUTATEN

Für 40 Stück:

350 g Mandeln
450 g Puderzucker
1 Tütchen Vanillezucker
2 Eiweiß (40 g)

1 Die Mandeln mit kochendem Wasser überbrühen, zehn Minuten einweichen, dann abschrecken. Jetzt lässt sich die braune Haut leicht abschnipsen. Es sollten nunmehr 300 g Mandeln

übrig sein. Mit jeweils der gleichen Menge Puderzucker im elektrischen Zerhacker zerkleinern. Dabei nicht zu lange mixen,

damit sich die Masse nicht zu sehr erwärmt und das Mandelöl austritt. Schließlich von Hand 100 Gramm Puderzucker und den Vanillezucker untermischen.

2 Das Eiweiß mit einer Gabel verkleppern, unter die Mandelmasse kneten, die jetzt marzipanähnlich werden sollte. Eine Rolle daraus formen, mit dem Durch-

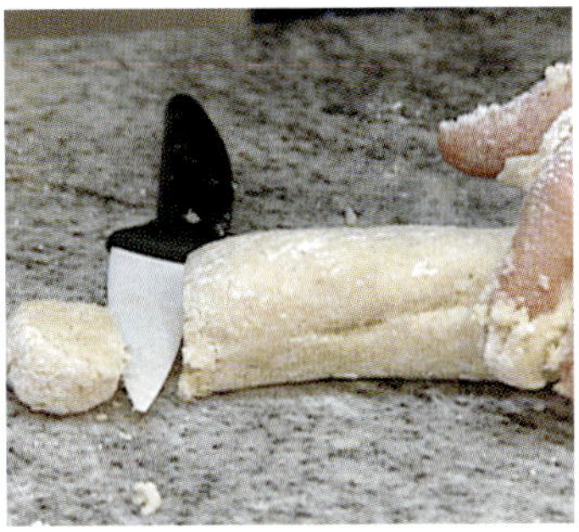

messer von ca. 4 cm. Davon zentimeterstarke Scheiben schneiden, sie auf einer mit Puderzucker bestreuten Arbeitsfläche etwas flach drücken und dabei mit einer Gabel Riefen eindrücken.

3 Nebeneinander auf ein mit Backpapier belegtes Blech setzen und über Nacht trocknen lassen. Erst dann bei ca. 75 Grad 20 Minuten endgültig trocknen.

4 Die Ricciarelli sollten ganz hell bleiben; um die weiße Erscheinung zu verstärken, mit Puderzucker überstäuben. Sie halten sich in einer Blechdose wochenlang frisch.

TIPP

Ohne Mixer oder elektrischen Zerhacker lässt sich der Teig allerdings kaum oder nur sehr schwer herstellen: denn die Mandeln sollten darin mit dem Zucker zugleich vermischt und zerkleinert werden. Unbedingt portionsweise, damit man nicht zu lange mixen muss!

GETRÄNK

Man serviert die Ricciarelli zum Espresso. Gut schmeckt dazu auch ein Vin Santo, der aus getrockneten Trauben gekelterte toskanische Süßwein. Oder ein Passito (ebenfalls aus getrockneten Trauben hergestellt) aus Süditalien, zum Beispiel aus Kalabrien.

Linzer Ecken

Das ursprünglich, wie der Name andeutet, österreichische Rezept wurde zu der Zeit, als Baden zu Vorderösterreich gehörte, dort so heimisch, dass heute die Badener glauben, sie hätten die Linzer Torte, diesen ihren Nationalkuchen, erfunden. Wir wollen darüber nicht streiten, vielmehr haben wir uns von diesem klassischen Rezept inspirieren lassen und diesmal keinen runden Kuchen aus dem Teig gebacken, sondern ihn auf einem Blech ausgebreitet, so dass wir nachher mundgerechte Rauten daraus schneiden können. Diese Würfel oder Rauten lassen sich dann hübsch zum Kaffee servieren, sie machen aber auch auf dem Plätzchenteller zu Weihnachten eine gute Figur.

1 Die Schokolade in Stücke brechen und in der Mikrowelle (stärkste Stufe/fünf Minuten) oder im Wasserbad schmelzen. Die Haselnüsse auf einem Blech verteilen, bei 180 Grad acht Minuten rösten, im Zerhacker zu nicht ganz feinem Pulver mixen.

ZUTATEN

Für 1 Backblech, ergibt ca. 50 Stück:

50 g zartbittere Schokolade
150 g Haselnüsse
150 g Butter
150 g Puderzucker
1 Ei
1 Messerspitze Nelkenpulver
1/2 TL Zimtpulver
ein Hauch Muskat
1/2 TL Vanille-Extrakt
1 Prise Salz
abgeriebene Schale einer Zitrone
2 Gläschen Kirschwasser
250 g Mehl
1 gestrichener TL Backpulver
1 gehäufter EL Kakaopulver
200 g Himbeerkonfitüre

2 Unterdessen Butter und Zucker in einer Schüssel mit den Fingern zu Bröseln mischen, die geschmolzene Schokolade und die zerkleinerten Nüsse zufügen, ebenso das Ei und alle Gewürze einschließlich der Salzprise und der Zitronenschale. Jetzt einen Holzlöffel nehmen und alles mischen, dabei die Masse mit Kirschwasser benetzen.

3 Mehl, Backpulver und Kakao durch ein Sieb hinzufügen, dann wieder mit den Händen rasch zu einem Teig kneten. Zu einer Kugel formen und eine Stunde kalt stellen. Auf bemehlter Arbeitsfläche ca. 2 mm dünn ausrollen. Mit etwa der Hälfte dieser

Teigplatte ein mit Backpapier belegtes Blech auslegen. Diesen Boden gleichmäßig mit Himbeerkonfitüre bestreichen.

4 Aus dem restlichen Teig Sterne ausstechen und gleichmäßig auf der himbeerbestrichenen Teigfläche so verteilen, dass die Zacken immer ineinander greifen, aber dazwischen die Konfitüre herausschauen lassen.

5 Bei 200 Grad etwa 15 Minuten backen. Auskühlen lassen, erst dann in Dreiecke oder Rauten schneiden. Am besten geht das mit einem Sägemesser. In gut schließenden Blechdosen aufbewahren.

TIPP

Die Linzer Schnitten schmecken übrigens umso besser, je länger man sie in einer dicht verschlossenen Blechdose aufbewahrt – dann reifen sie nach, die Aromen entwickeln sich und das Gebäck wird noch würziger.

GETRÄNK

Dazu passt eine Beerenauslese aus dem Burgenland oder ein Tokajer, eine so genannte Essenzia oder ein Ausbruch.

Weihnachtliche Früchte-Tarte

Ein fabelhaftes Dessert in einem festlichen Menü! Und wenn man sie nach einem einfachen Eintopf serviert, wird daraus plötzlich eine höchst elegante Mahlzeit!
Die Idee für dieses Rezept leitet sich übrigens von der berühmten Tarte Tatin ab, jenem Apfelkuchen, für den man die Früchte erst ganz langsam in Butter und Zucker gart und dann mit einem Mürbteigdeckel versehen im Ofen bäckt. Zum Servieren wird die Angelegenheit gestürzt, so dass der Deckel zum Boden wird und die karamellisierten Früchte oben liegen. Der Mürbteig wird in diesem Fall ganz weihnachtlich mit Zimt gewürzt. Und als Belag kommen nicht nur Äpfel, sondern auch Birnen in Frage, außerdem Zwetschgen (Trockenobst) und trockene Aprikosen, die zuvor in Obstbrand eingeweicht werden, damit sie schön prall werden und ihre Runzeln verlieren.

ZUTATEN

Für eine Form von 24 cm Durchmesser:

Teig:
200 g Mehl
150 g Butter
100 g Zucker
1 Eigelb
1 Prise Salz
1/2 TL Zimt

Belag:
2 gleich große Äpfel
2 feste Birnen
4 saftige Trockenaprikosen
6 große Trockenfeigen
4 EL Zwetschgen-, Apfel- oder Aprikosenbrand
100 g Butter
80 g Zucker
2 EL Pinienkerne
2 EL Kürbiskernkrümel (Reformhaus)

1 Mehl, Butter, Zucker, Eigelb, Salzprise und Zimt auf der möglichst kühlen Arbeitsfläche (Stein oder Marmor) aufhäufen, rasch mit den Händen einen Mürbteig kneten. Den Teig zu einem flachen Fladen formen, damit man ihn nachher nur noch endgültig ausrollen muss, er jedoch bereits eine ähnliche Form hat. In einen Gefrierbeutel packen und eine halbe Stunde kalt stellen.

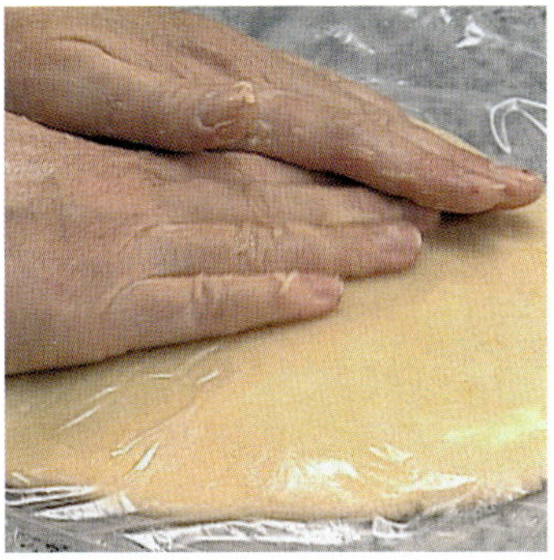

2 Inzwischen die Früchte vorbereiten: Äpfel und Birnen schälen, vierteln, vom Kerngehäuse befreien. Die Trockenfrüchte entsteinen und im Schnaps einlegen.

3 In der Form die Butter schmelzen, den Zucker hineinstreuen und beides zu Karamell kochen. Dabei mutig genug sein, dass der Zucker nicht hell bleibt, aber aufpassen, dass er nicht dunkelbraun wird. Bevor die vorbereiteten Früchte hineingelegt werden, sollte der Karamell bereits die Farbe von Milchkaffee haben. Das Obst mit der runden Seite nach unten einlegen und sanft einige Minuten im brodelnden Karamell köcheln. Die Pinienkerne und Kürbiskernkrümel dazwischen verteilen – sie sollten möglichst bis auf den Pfannenboden durchsinken, denn was jetzt unten ist, wird nachher die Oberfläche sein, und die soll natürlich schön bunt aussehen.

4 Schließlich den Teig nicht zu dick ausrollen und als Deckel über die Früchte breiten, rundum den Rand an der Form entlang etwas hineinstupsen, so steht später ein kleiner Teigrand um die Früchte.

5 Die Form in den 220 Grad heißen Ofen stellen, den Kuchen 30 bis 35 Minuten backen. Etwa zehn Minuten auskühlen lassen, damit sich alle Säfte gleichmäßig verteilen. Erst dann eine große Platte auflegen und den Kuchen stürzen.

6 Am besten schmeckt diese Tarte noch warm, mit einem Klacks eiskalter, säuerlicher Crème fraîche, die mit einem Schuss Obstschnaps verrührt wurde.

TIPP

Man braucht für diese Tarte eine Form, die so stabil ist, dass man sie auf die Herdplatte stellen kann. Sie sollte außerdem unten geschlossen sein – eine Springform kann den flüssigen Karamell nicht halten. Am besten nehmen Sie eine ganz normale Bratpfanne, die über einen hitzebeständigen Griff verfügt (Kunststoff hält die Ofenhitze nicht aus!), oder eine Pieform aus Metall. Eine Pieform aus Keramik ist ungeeignet, weil man darin den Zucker nicht zu Karamell kochen kann.

GETRÄNK

Und als Getränk passt dazu ein süßer Dessertwein, zum Beispiel eine Beerenauslese aus dem Burgenland. Aber auch ein süßer Pfirsichlikör (so genannte Crème de Pêche) aus Burgund oder ein Banyuls, ein süßer, gehaltvoller Dessertwein aus dem Südwesten Frankreichs.

Tessiner Schnitten

Dieses Gebäck ist so gehaltvoll wie Konfekt, deshalb kann man nicht viel davon essen – unbedingt also kleine Rauten schneiden! Auch sie bleiben dank der reichlichen Butter lange saftig und frisch! Gewürzt wird übrigens verblüffenderweise mit Rosmarin, was das Gebäck leichter wirken lässt und besser verträglich macht.

ZUTATEN

Für ein normales Backblech:
500 g zimmerwarme Butter
300 g Zucker, 4 Eier, 1 Prise Salz
2 EL Grappa, 250 g Mehl
Belag:
2-3 frische Rosmarinzweige
50 g geschälte ganze Mandeln
200 g gehobelte Mandeln (Mandelblättchen)
Butter für Flöckchen
2-3 EL Zucker zum Bestreuen

1. Die Butter mit dem Handrührer oder in der Küchenmaschine schaumig rühren, nach und nach den Zucker hinzurieseln lassen. Erst wenn er nicht mehr knirscht, einzeln die Eier einarbeiten, die Salzprise nicht vergessen! Zum Schluss die Grappa unterrühren und sehr schnell das Mehl. Diesen zähen Rührteig auf ein mit Backpapier oder mit Backfolie ausgelegtes Blech streichen.

2. Für den Belag die Rosmarinnadeln abzupfen, mit den Mandeln im elektrischen Zerhacker mixen. Zuerst die Mandelblättchen auf der Teigfläche verteilen, dann alles gleichmäßig mit den grünen, duftenden Mandelkrümeln bestreuen. Butterflöckchen aufsetzen, alles gleichmäßig mit Zucker bestreuen.

3. Das Blech in den 200 Grad heißen Ofen schieben (mittlere Schiene) und 25 Minuten backen, bis die Oberfläche golden ist.

4. Den Kuchen auskühlen lassen, dann auf ein Brett stürzen. Das Backpapier abziehen. Von dieser Seite aus mit einem scharfen Messer in Rauten schneiden – so lassen sich die Mandelblättchen besser zerteilen!

5. In gut schließenden Blechdosen bleiben die Tessiner Schnitten mindestens zwei Wochen saftig.

TIPP

Die Butter sollte unbedingt Zimmertemperatur haben, damit man sie schön cremig rühren kann. Sie sollte wie Salbe wirken! Also rechtzeitig aus dem Kühlschrank nehmen.

GETRÄNK

Dazu schmeckt ein frischer Spumante oder ein Prosecco. Zum ausdrucksstarken Rosmarinduft passt auch ein fruchtiger Apfelsekt.

Würzige Blätterteighappen

Irgendwann hat man nach all dem Süßen Lust auf einen herzhaften Bissen, damit der Mund nicht zusammenklebt. Und damit es nicht viel Mühe macht, nehmen wir einfach Blätterteig, den man ja tiefgekühlt kaufen kann. Auch aus gekauftem Blätterteig lässt sich Gutes machen: Wir bestreichen die aufgetauten Scheiben mit Butter und geben ihnen noch einmal einige Touren, wie das der Fachmann nennt – so schmeckt er buttriger und bekommt noch mehr Blätter. Denn diese entstehen ja dadurch, dass das Wasser in der Butter, die gleichmäßig zwischen den Teigschichten verteilt ist, in der Ofenhitze explodiert und sie auseinander treibt.

ZUTATEN

Für sechs Personen:
2 Blätterteigplatten
20 g Butter
Füllung:
je 100 g Tomatenpüree, Olivenpaste und Mozzarellawürfel
Salz, Pfeffer
Olivenöl
einige Basilikumblätter

1. Die Blätterteigplatten nebeneinander liegend auf der Arbeitsplatte auftauen. Die Scheiben mit weicher Butter einstreichen, jeweils über die gebutterte Seite zusammenklappen und wieder auf die ursprüngliche Größe ausrollen. Dies zwei- bis dreimal wiederholen. Die Teigplatten schließlich noch einmal kalt stellen.

2. Aus jeder dann halbzentimeterstark ausgerollten Teigplatte mit einem kleinen Ausstecher Taler ausstechen. Nebeneinander sitzend auf einem mit Backpapier oder Backfolie belegten Blech im 200 Grad heißen Backofen 10 bis 15 Minuten backen, bis die Taler goldbraun geworden sind. Quer in zwei Hälften teilen.

3. In die untere Hälfte jeweils einen Klecks Tomatenpüree geben, etwas Olivenpaste darauf setzen, einen Mozzarellawürfel obenauf betten. Mit Salz, Pfeffer und Olivenöl würzen und nach Belieben ein Kräuterblättchen darauf packen (glatte Petersilie, Basilikum oder Kerbel).

4. Zum Servieren das Oberteil jeweils aufsetzen. Die gefüllten Taler kurz im Ofen nochmals erwärmen und sofort servieren.

TIPP

Niemals den Blätterteig zusammenballen, um ihn wieder auszurollen. Nur wenn er tatsächlich in seinen exakten Schichten übereinander gestapelt wird, kann die Butter ihre segensreiche Wirkung ausüben und den Teig blättrig machen!

GETRÄNK

Das ist der ideale Happen zum Aperitif, zur Begrüßung der Gäste mit einem Glas Sekt oder Champagner, aber auch ein hübscher Imbiss zum Glas Wein.

Weihnachts-Menü

Zu Weihnachten Fisch

Karpfen klassisch blau oder à la chinoise

Diesmal servieren wir am Weihnachtsabend Karpfen. Das hat ja in manchen Familien Tradition. »Wie bei uns zu Hause«, erzählt Martina, »da gab es am Heiligabend immer Karpfen blau, und zwar ganz klassisch mit Sahnemeerrettich und mit Salzkartoffeln.« »Und«, wirft Moritz ein, »hoffentlich mit einer Riesenschüssel Salat! Ich würde sonst den fetten Fisch nicht runterkriegen.«
Selbstverständlich sehen wir bei unserem Karpfenessen auch einen Salat vor. Und es wird statt der üblichen, so mächtigen flüssigen Butter und dem traditionellen Sahnemeerrettich eine federleichte Meerrettichsauce geben, die, wie wir finden, dazu noch viel besser passt.
Und für alle, die es gerne abwechslungsreich mögen, ohne auf die Tradition verzichten zu wollen, haben wir noch einen Vorschlag: den Karpfen diesmal so zuzubereiten, wie es die Chinesen tun.
Das macht im Übrigen noch weniger Arbeit, und man braucht keinen großen Fischtopf dafür, denn er wird einfach in den Ofen geschoben.
Natürlich gehören zu einem Festmenü eine Vorspeise und ein umwerfendes Dessert. Wir haben selbstverständlich etwas ausgesucht, was zu beiden Versionen des Hauptgangs passt. Außerdem haben wir uns auf Zutaten beschränkt, die man schon rechtzeitig vor dem Fest besorgen kann – bis auf den Karpfen, versteht sich, aber den sollten Sie ja ohnehin vorbestellen. Dann kann der Händler ihn bereits am Morgen des 24. Dezember nach Ihren Angaben fertig machen und Sie brauchen ihn nur noch abzuholen.
Vorspeise und Dessert kann man nicht nur, man muss beides unbedingt einen, die Terrine sogar wenigstens zwei Tage vorher zubereiten. So hat man am Festtag alle Zeit der Welt, sich um den Baum zu kümmern und alle übrigen Festvorbereitungen zu erledigen.

Vorspeise: Kalbfleischterrine

ZUTATEN

Für eine Terrinenform von ca. 3/4 l Inhalt, ausreichend für sechs bis acht Personen:

300 g grüner, frischer Rückenspeck (beim Metzger rechtzeitig bestellen: er soll auf seiner Aufschnittmaschine daraus 4 große, höchstens 1 mm dünne Scheiben schneiden; den Rest, ca. 150 g, am Stück lassen)
500 g Kalbsschulter
50 g Kalbsleber
50 g gepökelte Kalbszunge am Stück

Gewürzmischung:

1/2 TL Salz
1 TL brauner Rohrzucker
6 Pimentkörner
1 TL Pfefferbeeren
1/2 TL Korianderkörner
1 kleine Chilischote
1 TL Thymianblüten
1 Lorbeerblatt
Muskat und Macis

Außerdem:

2 EL Madeira
2 EL Cognac
2 EL ausgelöste Pistazienkerne
Worcestershiresauce
Cayennepfeffer

Vor einer solchen Terrine haben viele Respekt, sie gilt als kompliziert. Aber unser Rezept ist im Gegenteil kinderleicht! Eine Terrine hat den Vorzug, dass man sie ein, zwei Tage zuvor zubereiten muss, denn sie braucht Zeit sich zu setzen, damit sich die Aromen vermählen können. So steht dann die Vorspeise fix und fertig im Kühlschrank bereit, Sie brauchen sie nur noch zur rechten Zeit herauszuholen, in Scheiben zu schneiden und hübsch anzurichten.

1 Mit den hauchdünnen Speckscheiben die Terrinenform auskleiden, eine Scheibe zum Abdecken aufbewahren – das kann übrigens eine ganz normale kleine Kastenform sein, wie man sie zum Kuchenbacken braucht.

2 Die Hälfte des Specks akkurat in knapp zentimeterkleine Würfel schneiden. Die andere Hälfte grob würfeln. Ebenso vom Kalbfleisch die Hälfte akkurat gut zentimetergroß würfeln, den Rest ebenfalls nur grob würfeln. Feine Speck-

und Fleischwürfel und grobe jeweils getrennt in zwei Schüsseln mischen.

3 Salz, Zucker, alle Gewürzkörner, Chilischote (nach Belieben entkernt), Thymianblüten und zerkrümeltes oder fein gehacktes Lorbeerblatt, Muskat und Macis im Mörser oder Mixer zu feinem Pulver zermahlen.

4 Damit sowie mit dem Madeira Speck und Fleisch würzen, dabei ein Drittel auf das klein und zwei Drittel auf das grob Gewürfelte verteilen. Mit den Händen durcharbeiten und kalt stellen, am besten in den Gefrierer! Erst wenn alles gut durchgekühlt ist, die groben Fleisch- und Speckwürfel miteinander im elektrischen Zerhacker pürieren.

5 Die Leber säubern, von allen Sehnen und Häuten befreien und in knapp zentimetergroße Würfel

Unsere Tricks, damit die Terrine perfekt gelingt

Eine gute Terrine ist fest, aber, weil ihr ausreichender Fettgehalt sie geschmeidig hält, dennoch saftig. Wir nehmen Kalbfleisch und grünen, also fetten Speck, außerdem Pistazien oder Pinienkerne. Bitten Sie Ihren Metzger, aus einem Teil des Specks auf seiner Aufschnittmaschine hauchdünne Scheiben zu schneiden, sie sollten so groß sein, dass man mit ihnen die Form auslegen kann. Er muss das Speckstück also an seiner Breitseite aufschneiden. Der Speck bildet hinterher den Mantel der Terrine.

Trick 1: Bevor Sie sich an die Arbeit machen, sollte das Fleisch gut gekühlt sein, das unterstützt die Bindungsfähigkeit, die Terrine wird später saftiger.

Trick 2: Die Hälfte von Fleisch und Speck von Hand in zentimetergroße Würfel schneiden, die andere Hälfte wird im Mixer püriert.

Trick 3: Vor dem Austrocknen schützt die richtige Hitzeführung: die Terrine wird deshalb im Wasserbad gegart und im nur mäßig heißen Backofen.

Das Würzen ist das Schwierigste. Denn nur die Erfahrung zeigt, um wie viel die rohe Farce überwürzt scheinen muss, damit sie nach dem Garen ausbalanciert ist. Man geht sicher, wenn man ein Klößchen aus der rohen Masse in Salzwasser gar ziehen und wieder abkühlen lässt! Deshalb unser

Trick 4: Wir stellen unsere Gewürzmischung selber her: aus zerriebenem Lorbeerblatt, Pfefferkörnern, Muskatblüte, Piment, Chili, Salz und Zucker. Damit werden die Fleischwürfel sowie die Fleischfarce gewürzt. Diese Mischung ist besser als jedes gekaufte Pastetengewürz. Bereiten Sie es am besten jedesmal frisch zu, dann entwickelt es die beste Würzkraft.
Schließlich wird alles vermischt, in die mit Speckscheiben ausgekleidete Form gefüllt und gut verschlossen im Wasserbad im Ofen gegart.

Trick 5: Nach dem Abkühlen legt man ein exakt passendes Brettchen auf die Oberfläche, presst die Terrine unter einem Gewicht (knapp 1 kg, also eine große Konservendose) und lässt sie einen Tag ruhen und abbinden. So bekommt sie eine angenehme Festigkeit, bröckelt nicht beim Aufschneiden, und sie bleibt auch nach dem Anschneiden drei bis vier Tage appetitlich frisch.

Insgesamt darf man behaupten: Eine solche Terrine macht wirklich kaum Mühe, dafür viel Eindruck und Furore!

schneiden, mit Madeira beträufeln. Die Zunge ebenfalls knapp zentimeterklein würfeln.

6 Schließlich die Farce aus dem Mixer mit den Fleisch-, Speck-, Leberwürfeln und der Zunge sowie den Pistazien gründlich mischen. Diese Masse sehr kräftig mit Salz, Worcestershiresauce und Cayennepfeffer sowie Cognac abschmecken. In die Form füllen, gut festdrücken, mit der letzten Speckscheibe abdecken. Die Speckoberfläche mit Lorbeerblättern dekorieren.

7 Die Terrine mit einer doppelten Lage Alufolie zudecken, wenn vorhanden zusätzlich einen Deckel auflegen. In einem Wasserbad in den zunächst auf 180 Grad vorgeheizten Ofen stellen. Nach 15 Minuten auf 150 Grad herunterschalten und die Terrine insgesamt eineinhalb Stunden garen. Im Ofen auskühlen lassen.

8 Erst dann die Terrine in Form pressen, indem man sie mit einem passenden Brettchen abdeckt und mit einem Gewicht beschwert. Dabei unbedingt darauf achten, dass das flüssige Fett nicht über den Rand der Form steigt und herausfließt. Die Terrine gepresst bis zum nächsten, besser sogar zum übernächsten Tag kalt stellen.

9 Aus der Form stürzen, in knapp zentimeterstarke Scheiben schneiden. Auf Tellern anrichten. Mit Apfelgelee und Apfelchutney dekorieren.

Beilage: Apfelgelee, Apfelchutney und möglichst warmes, frisch aufgebackenes Weißbrot.

GETRÄNK

Ausnahmsweise fangen wir mal mit einem Rotwein an, obwohl es zum Hauptgericht, dem Karpfen, natürlich einen weißen gibt. Aber das geht gut, wenn der Rotwein fruchtig und elegant ist – wie ein Beaujolais (aber kein Primeur, sondern ein guter, ausgereifter Wein, der auch ein Grand Cru, also eine Spitzenlage sein kann: etwa Fleurie, Brouilly oder Chenas). Den Wein leicht gekühlt, bei 15 bis 16 Grad, servieren.

Würziges Apfelgelee und Apfelchutney

Passt beides gut zur Terrine, ist ganz einfach zu machen, sieht irre aus und lässt sich prima vorbereiten.

ZUTATEN

Für sechs Personen:

Gelee:

2 Äpfel (z. B. Elstar), 3 EL Zitronensaft, 1 grüne Chilischote, Salz, Pfeffer, 2,5 Blatt Gelatine

Chutney:

Die Rückstände vom Gelee
2 Zwiebeln
3 Knoblauchzehen
2 grüne Chilischoten
2 EL neutrales Öl
100 ml Apfelwein
2 EL Apfelessig
50 g Zucker

1 Die Äpfel schälen, vierteln, entkernen. Mit Zitronensaft, der zerkleinerten Chilischote, etwas Salz und Pfeffer im Mixer pürieren – dabei etwas Wasser zufügen, so dass ein sehr flüssiges Püree entsteht. Die Flüssigkeit in einem Sieb abtropfen lassen. Es sollten etwa 200 ml Saft sein – eventuell mit Wasser auffüllen. Die Rückstände für das Chutney aufheben!

2 Die eingeweichte Gelatine in zwei Esslöffeln dieser Flüssigkeit auflösen (im Wasserbad oder in der Mikrowelle), unter das Apfelpüree mixen. In eine flache eckige Form gießen, die vorher glatt mit Klarsichtfolie ausgelegt wurde, und im Kühlschrank fest werden lassen. Zum Servieren halbzentimeterklein würfeln und auf dem Teller als Häufchen anrichten.

3 Für das Chutney die Apfelrückstände mit den fein gewürfelten Zwiebeln und gehacktem Knoblauch in einem kleinen Topf aufkochen, Öl, Apfelwein, Apfelessig und Zucker zufügen. Eine Stunde köcheln, bis das Chutney dicklich ist und duftet – immer wieder umrühren, damit nichts ansetzt, und bei Bedarf immer wieder etwas Apfelwein oder Wasser nachgießen. Zum Aufbewahren in ein Schraubglas füllen und abkühlen lassen.

Hauptgericht: Karpfen blau

Bestellen Sie beim Fischhändler oder bei einem Teichwirt rechtzeitig den Karpfen, den Sie brauchen – wie groß er sein soll, hängt davon ab, für wie viele Gäste er reichen soll. Für vier Personen sollte er etwa 1600 Gramm wiegen. Für jede weitere Person rechnen sie etwa 250 Gramm dazu. Wenn Sie mehr als zu acht sind, brauchen Sie ein zweites Exemplar – was übrigens nicht weiter schlimm ist: Sie servieren dann zuerst den einen, den Sie gerecht auf die Gäste verteilen. Und während dieser verspeist wird, befindet sich der zweite Fisch im Kochsud. Sie kommen also durchaus mit einem einzigen Fischtopf aus! Den allerdings brauchen Sie, wenn Sie den Karpfen im Sud zubereiten wollen. Es wäre schließlich schade, wenn sie ihm Kopf und Schwanz abhacken müssten, damit er in einen normalen runden Kochtopf passt...

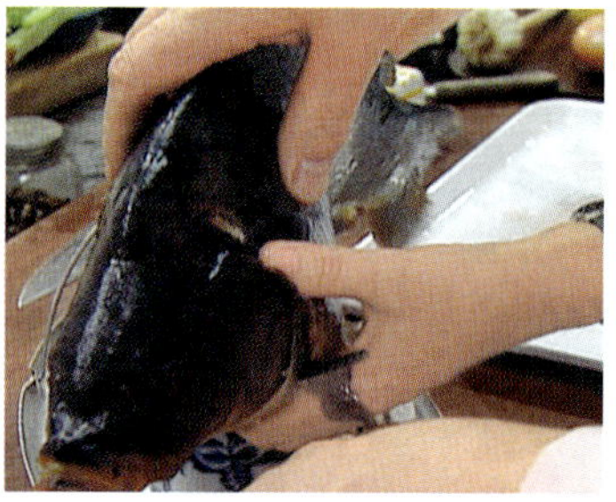

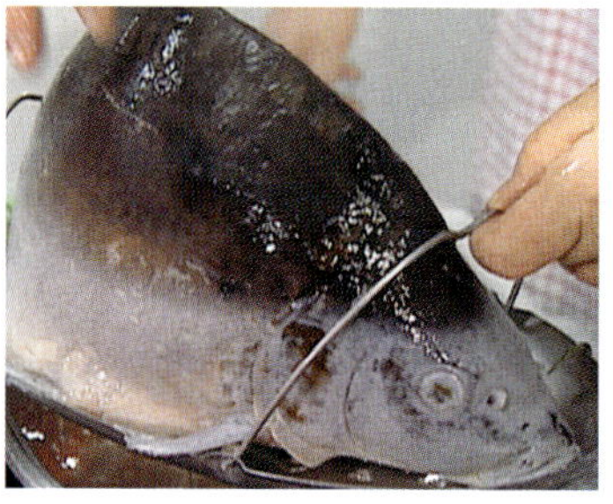

Der richtige Topf: Es sollte ein ovaler Topf sein, groß genug, den Fisch aufzunehmen, auch hoch genug, dass sich ein Deckel über ihm schließen lässt. Praktischerweise sollte er einen entsprechenden Einsatz haben, auf dem man den Fisch hineinbugsieren und wieder herausholen kann. Hat man einen ausreichend hohen Topf, stellt man den Fisch aufrecht: Damit er schön steht und genügend Halt dabei hat, stützt man ihn mit einer Tasse oder einer dicken Kartoffel. Reicht die Topfhöhe dafür nicht aus, legt man ihn eben auf eine Seite.

ZUTATEN

Für vier bis sechs Personen:
2 l Wasser
1/2 l Weißwein
1/4 l Essig, 2 Zwiebeln
nach Belieben etwas Würzgemüse – Sellerie, Möhre, Lauch
3–4 Lorbeerblätter
2 Nelken
6 Wacholderbeeren
1 TL Senfkörner
1 EL Salz
1 Karpfen von 1,5 bis 2 kg

Der Sud: Wasser, Wein und Essig werden aufgekocht, die in feine Ringe geschnittenen Zwiebeln und Würzgemüse sowie die Gewürze zugefügt. Etwa zehn Minuten köcheln lassen, damit die Gewürze sich aufschließen können. Der Sud darf fast ein wenig überwürzt wirken, in der kurzen Garzeit hat der Fisch keine Gelegenheit, zu viel davon abzubekommen.

Der Fisch: Am besten schmeckt er so frisch wie möglich. Trotzdem tut es ihm gut, nach dem Schlachten einen halben Tag im Kühlschrank flach zu liegen, dann kann er entspannen und behält beim Garen besser Form und Farbe. Schließlich soll er doch schön blau auf den Tisch kommen. Dafür ist übrigens auch wichtig, dass man ihn behutsam anfasst, die empfindliche Schleimschicht, die die Haut überzieht, sollte möglichst unversehrt sein, sie ist es, die den Fisch blau leuchten lässt, wenn man ihn, wie es manche Leute machen, mit heißem Essigsud übergossen (gebläut) hat. Wir verzichten darauf, geben dafür etwas mehr Wein und Essig an den Sud, was den fetten Fisch leichter macht und eleganter wirken lässt.

Man setzt den Fisch natürlich erst kurz bevor die Vorspeise serviert wird auf seinem Einsatz in den wallend kochenden Sud – dann ist er gerade richtig, wenn die Gäste damit fertig sind. Den Deckel auflegen und den Karpfen etwa 20 bis 30 Minuten gar ziehen lassen. Jetzt unbedingt darauf achten, dass der Sud nicht wallend kocht, sondern sich nur noch leise bewegt. Der Fisch ist gar, wenn man sich mit einem Fischmesser an der Rückengräte entlang leicht bis auf die Mittelgräte vortasten kann. Bricht der Fisch auf, so ist das kein Fehler, sondern ein Beweis seiner Frische!

Die Beilagen: Die Kartoffeln werden kurz vor dem Fisch aufgesetzt, bis dahin werden sie geschält in klarem Wasser frisch gehalten. Die Sauce steht ebenfalls bereit und braucht nur noch erwärmt zu werden.

GETRÄNK

Wir haben uns zu einem im kleinen Holzfass ausgebauten Weißburgunder aus Franken entschlossen, der sehr gut zum Karpfen geschmeckt hat, weil er trotz aller Fülle ein überragend dichtes Gerüst mit prägnanter Säure bot. Geht nur mit einem Spitzenwein aus einem Spitzenjahr von einem Spitzenwinzer. Ansonsten ist eine trockene Riesling Spätlese oder Auslese aus dem Rheingau, von der Nahe, von der Rheinfront Rheinhessens oder von der Haardt (Pfalz) zu empfehlen. Oder ein Riesling Smaragd aus der Wachau.

Meerrettichsauce

ZUTATEN

Für sechs Personen:
2 EL Butter
2 EL Mehl
1/4 l Weißwein
1/4 l Sahne
2 Lorbeerblätter
1 Stück Zitronenschale
je 1/2 TL Senf- und Pfefferkörner
2 Wacholderbeeren
100 g Crème fraîche
1 frische Meerrettichstange
1 Prise Zucker
etwas Zitronensaft
Kerbel nach Belieben

1 Die Butter in einem Saucentopf schmelzen, das Mehl darin aufrauschen lassen, mit Wein ablöschen und cremig kochen, dann die Sahne sowie die Gewürze zufügen und etwa 20 Minuten leise köcheln. Die Sauce dann durch ein Sieb streichen, die Crème fraîche einrühren. Die Sauce mit einem Schuss Kochsud vom Karpfen auf die gewünschte Konsistenz bringen, mit Salz abschmecken.

2 Die Meerrettichstange schälen und erst kurz vor dem Servieren so viel davon reiben und in die Sauce rühren, wie man mag. Die Sauce zum Schluss mit einer Prise Zucker und mit Zitronensaft abschmecken und nach Belieben gehackten Kerbel einrühren. Wie herzhaft die Sauce nach Meerrettich duftet, ist natürlich Geschmackssache – je mehr man davon nimmt, desto besser helfen die beißenden ätherischen Öle, den Fisch zu verdauen. Wie bei vielen klassischen Zusammenstellungen ist auch hier die Sauce nicht nur eine geschmackliche Wucht, sondern auch eine diätetisch richtige Ergänzung zum Karpfen!

TIPP

Notfalls kann man auch geriebenen Meerrettich aus dem Glas verwenden.

Winterlicher Salat

Entweder eine schöne Mischung aus verschiedenen Blättern – Zuckerhut, Radicchio, Feldsalat, Spinatblätter, Endivie (Frisée), Rucola, Kerbel –, jeweils gewaschen, geputzt und zerpflückt; einen hübschen Farb- und Geschmacksakzent geben auch Orangenfilets oder einfach Feldsalat pur, der ja jetzt um die Weihnachtszeit Saison hat. Seinen nussigen Geschmack verstärken wir zusätzlich, indem wir frisch geknackte Walnüsse darüber streuen. Angemacht wird der Salat mit einer kräftigen Marinade.

Alle Zutaten cremig aufschlagen. Erst unmittelbar vor dem Servieren über die Salatblätter verteilen und mischen.
Besonders gut passt übrigens zum Karpfen ein reiner Feldsalat, dessen feines Nussaroma durch die frisch geknackten Walnüsse betont und verstärkt wird. Am besten schmeckt der kleinblättrige Mausohrsalat. Er ist knackiger und würziger als der übliche Feldsalat mit langen Blättern. Und wenn Sie das Glück haben, den robusten Salat aus dem Freiland zu bekommen, dann greifen Sie zu. Der macht zwar beim Putzen mehr Arbeit, aber dafür ist er auch der größere Genuss!

ZUTATEN

Für sechs Personen:
1 fein gehackte rote Zwiebel
1 EL Balsamico-Essig
2 EL Apfelessig
Salz, Pfeffer
3–4 EL Oliven- oder Walnussöl
100 g ausgelöste Walnusskerne

Hauptgericht-Variante: Chinesischer Karpfen

Wer es mit der Tradition nicht übertreiben, aber auch nicht mit ihr brechen will, der sollte den Karpfen mal chinesisch probieren. Diese Version hat übrigens den Vorteil, dass man ohne speziellen Fischtopf auskommt: Ein ganz normales tiefes Backblech tut es auch. Lassen Sie sich vom Fischhändler dafür den Fisch entlang dem Rückgrat längs halbieren, die beiden Hälften (eine größere mit der Mittelgräte und eine kleinere ohne sie) werden mit der Schnittfläche auf ein Backblech gelegt. Damit die Gewürze schön eindringen können und der Fisch garantiert gleichmäßig gart, wird der Karpfen ziseliert, wie der Fachmann sagt: Mit einem scharfen Messer werden exakte Schnitte gesetzt, die bis auf die Mittelgräte reichen. Dann werden Gewürze auf der Hautseite verteilt und der Fisch im heißen Ofen ca. 20 bis 30 Minuten (je nach Stärke) gebacken.

ZUTATEN

Für vier bis sechs Personen:

1 schöner Karpfen (1,8–2 kg)
je 1 EL in Streifchen geschnittener Ingwer und Knoblauch
2–4 Chilis (frisch oder getrocknet)
2 Frühlingszwiebeln oder Grünes vom Lauch
4 EL Sojasauce
2 EL Zucker
2 EL neutrales Öl
1 EL chinesisches Sesamöl

1 Die Karpfenhälften wie oben beschrieben auf ein Backblech betten. Schräg hinter dem Kopf beginnend bis zum Schwanzende parallel drei bis vier tiefe Schnitte setzen.

2 Ingwer, Knoblauch und in Ringe geschnittene (frische) oder zerkrümelte (getrocknete) Chilis und Ringe von Frühlingszwiebeln (Lauchstreifen) darauf verteilen und auch in die Einschnitte drücken.

3 Mit Sojasauce begießen, dann gleichmäßig mit Zucker bestreuen. Schließlich alles mit Öl (beide Sorten gemischt) beträufeln.

4 Bei 200 Grad etwa 20 bis 30 Minuten backen, bis sich das Fleisch an den Schnittstellen saftig herauswölbt.

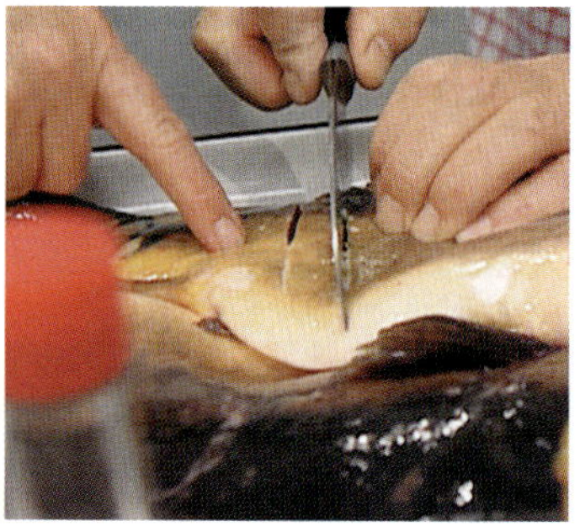

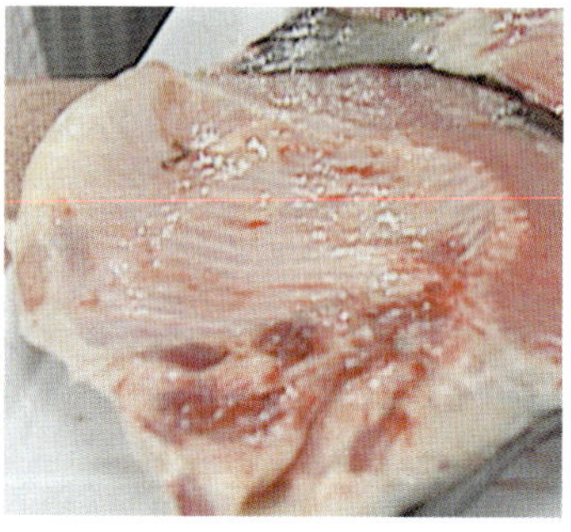

5 Auf einer Platte oder einfach auf dem Backblech zu Tisch bringen.

Beilage: Dazu gibt es pfannengerührtes Gemüse (Rezept Seite 186) sowie natürlich duftigen Reis!

TIPP

Nach dieser Methode kann man übrigens auch jeden anderen Fisch zubereiten. Klassisch in der chinesischen Küche sind dafür auf alle Fälle Süßwasserfische. Besonders beliebt: die wundervollen Schleien oder aber auch Brachsen, deren zahlreiche Gräten bei dieser Garmethode weniger störend sind. Wenn man die Brachsen mit zahlreichen, sehr eng nebeneinander gesetzten Schnitten jeweils bis auf die Mittelgräte herunter einschneidet, werden die Gräten vielfach durchtrennt und lösen sich in der Ofenhitze nahezu auf. Außerdem nimmt das Fleisch die Ingwer- und Sojasaucenwürze noch besser auf und schmeckt unnachahmlich intensiv. Man kann jedoch auch Meeresfische auf diese Weise zubereiten, allerdings muss man diese zuvor sorgfältig schuppen! Die hornigen Schuppen geben sonst dem Fischfleisch einen unangenehmen Geschmack.

GETRÄNK

Zu den intensiven Gewürzen braucht man einen gehaltvollen Wein, der mit seiner eigenen Würze etwas entgegenzusetzen hat: Wir mögen dazu einen vollmundigen Sauvignon aus dem Friaul, zum Beispiel vom Winzer Josko Gravner.

Pfannengerührtes Chinagemüse

Wie immer in der chinesischen Küche müssen sämtliche Zutaten klein geschnitten bereitstehen. Sie bleiben bis zur Verwendung frisch, wenn man sie mit angefeuchtetem Küchenpapier zudeckt. Gewürfelter Ingwer, Knoblauch und Chili stehen ebenfalls parat; damit sie nicht an der Luft oxidieren, mit einigen Tropfen Sesamöl benetzen.

1 Das Gemüse ins rauchend heiße Ölgemisch geben, dabei sofort rühren und umherwirbeln, damit nichts zu lange auf dem Pfannenboden liegen bleibt.

2 Ingwer, Knoblauch und Chili zugeben. Gleich salzen, weil das die Farbe leuchtend hält, und mit einer Prise Zucker würzen.

3 Sojasauce, Sherry und Brühe angießen. Einmal aufkochen – fertig! Das alles darf nicht länger als höchstens zwei Minuten dauern!

ZUTATEN

Für vier bis sechs Personen:
Je 1 Tasse Zwiebeln,
Möhren und Lauch
in streichholzfeinen Streifen
1 Tasse Stangensellerie
in feinen Scheibchen
2 EL neutrales Öl
1 EL Sesamöl
je 1 TL gehackter Ingwer,
Knoblauch und Chili
Salz
Zucker
2 EL Sojasauce
2 EL Sherry
2 EL Hühnerbrühe

Dessert: Seidenäpfel

Eine Idee, die wir aus Burgund mitgebracht haben: Äpfel, die auf der Zunge zergehen. Man nimmt dafür aromatische, säurebetonte Äpfel, zum Beispiel Elstar. Boskoop oder andere Reinetten mit flockigem Fleisch sind weniger geeignet, weil sie zerfallen. Die Äpfel werden geschält, das Kerngehäuse herausgestochen, mit Rosinen und Mandeln oder Pinienkernen gefüllt. Danach werden die Äpfel in einen Gefrierbeutel gesteckt, mit Zuckersirup aufgegossen und mit Vanille gewürzt. Der gut verschlossene Beutel wird in einen Topf mit Wasser gelegt, wo man die Äpfel 8 Stunden (!) lang ganz leise ziehen lässt.

ZUTATEN

Für sechs Personen:
6 kleine Äpfel
(Elstar oder Gala)
hauchdünne Streifchen
von Orangen- und
Zitronenschale
50 g in Apfelschnaps
eingeweichte Rosinen
2 EL Mandelstifte
1 Vanillestange
1/4 l Wasser
125 g Zucker
Himbeersauce:
300 g Himbeeren (tiefgekühlt)
2–3 EL Zucker
4 kleine EL Crème fraîche

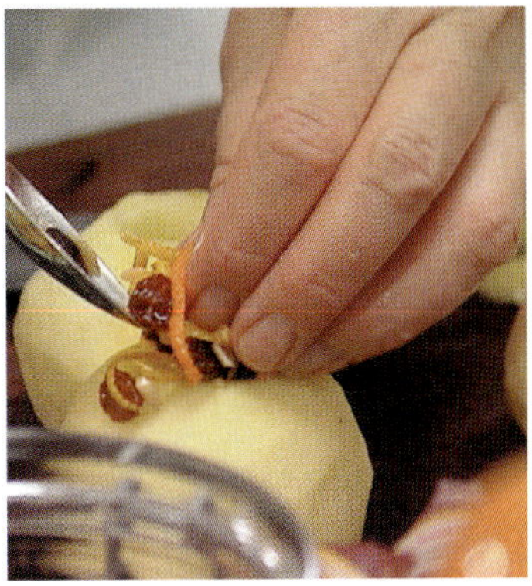

1 Äpfel schälen, das Kerngehäuse ausstechen. Mit einem Scheibchen von der ausgestochenen Säule unten wieder verschließen, damit die Füllung nicht herausrutschen kann. Mit Orangen- und Zitronenzesten (entweder hauchfein abschälen und von Hand in feinste Streifchen schneiden oder mit einem so genannten Zestenreißer von der Frucht abschaben) sowie Rosinen und Mandelstiften füllen.

2 Mit der halbierten Vanillestange in einen Beutel packen. Wasser und Zucker fünf Minuten leise köcheln, über die Äpfel in den Beutel füllen. Mit einer Klammer oder mit einem Vakuumgerät verschließen, dabei alle Luft herausdrücken oder heraussaugen, damit die Äpfel rundum vom Sirup umgeben sind.

3 In einen Topf legen, mit Wasser auffüllen. Damit die Äpfel nicht herausschauen mit einem Teller beschweren. Acht Stunden unter dem Siedepunkt (bei 85 Grad) pochieren. Die Äpfel im verschlossenen Beutel abkühlen lassen, vor dem Servieren noch einmal richtig kalt (Kühlschrank) stellen.

4 Für die Sauce Himbeeren und Zucker im Mixer pürieren und durch ein Sieb streichen. Zum Servieren je einen Klecks Himbeermark auf dem Dessertteller verstreichen, einen Klacks Crème fraîche hineingeben und mit dem Löffelstiel ein hübsches Spiralmuster durchziehen. Einen Apfel darauf setzen, mit einem Minze- oder Melisseblättchen oder einem Rosmarinzweiglein schmücken und sogleich auftragen.

GETRÄNK

Dazu passt vorzüglich ein Sekt, entweder ein Riesling-Sekt von einem deutschen Winzer oder auch ein fruchtiger, nach klassischer Methode hergestellter Cremant de Bourgogne.

Silvester-Fondue

Unser Silvestertipp: Fondue Bourguignonne

Fleischfondue: Diesmal brutzeln die Gäste ihr Essen selbst!

Wir haben lange überlegt, was wir dieses Mal zu Silvester machen sollten: Und dann ist uns bei unseren Reisen durch Burgund für unser neuestes Buch wieder das gute alte Fleischfondue begegnet. Es ist bei uns ein bisschen aus der Mode gekommen. Aber wir haben jetzt wieder festgestellt, dass das doch eigentlich eine wirklich herrliche Sache ist: Man sitzt den ganzen Abend gemütlich um den Tisch, brät sich immer wieder ein Stückchen Fleisch, isst dazu von den vorbereiteten Saucen und Salaten, man ist beschäftigt, schnabuliert und plaudert... Und niemand muss dauernd in die Küche rennen, um den nächsten Gang zu bringen. Alles ist längst vorbereitet, alles steht schon da.

Das richtige Fleisch & pfiffige Zutaten

Natürlich könnte man es sich ganz einfach machen und aus dem unübersehbaren Angebot der Industrie wählen. Aber wir rühren uns unsere Saucen natürlich selbst. Nicht nur, weil wir dann wissen, was drin ist, sondern weil sie einfach besser schmecken! Ganz klar, dass wir uns wieder ein paar Sachen ausgedacht haben, die Sie als Beilage bestimmt noch nicht alle kennen. Wir nehmen nicht nur, wie man das klassischerweise im Burgund tut, Rindfleisch, sondern zusätzlich und zur Abwechslung auch Kalb- und Schweinefleisch.
Vom Rind empfiehlt sich das zarte Filet oder die kräftiger schmeckende Lende, das so genannte Roastbeef. Das Fleisch sollte gut abgelagert sein und möglichst marmoriert, also von feinen Fettadern durchzogen, die es zart und saftig halten. Es versteht sich von selbst, dass Sie bei einem guten Metzger kaufen, der verantwortungsbewusst arbeitet: Fleisch von glücklichen Tieren schmeckt einfach besser als solches aus Massenzucht. Auch

wenn man meinen sollte, dass im Zeitalter von BSE das Bewusstsein um die Bedeutung der Qualität geschärft ist, hört man immer wieder von verzweifelten Metzgern, dass die Kundschaft eher auf den Preis als auf die Ware schaut. Dabei sollte einem doch das, was man sich einverleibt, wichtig und teuer sein. Um Sonderangebote auf dem Lebensmittelmarkt, besonders was Fleisch angeht, sollte man einen großen Bogen machen!
Wer Kalbfleisch bevorzugt, kann es aus der Oberschale schneiden lassen, aus der Nuss zum Beispiel, selbstverständlich sind auch das besonders zarte Filet und die Lende gut geeignet.
Auch vom Schwein nimmt man am besten das zarte Filet. Gut schmeckt auch das Halsstück, das von Fett durchzogen und deshalb besonders saftig und schmackhaft ist. Oder, für die Liebhaber des

Herzhaften, der Bauch. Hals und Bauch haben allerdings eine erheblich längere Garzeit, sie müssen durchbraten und deshalb ziemlich lange im siedenden Öl rösten.
Zur Vorbereitung wird das Fleisch in mundgerechte, aber nicht zu kleine Würfel geschnitten, dann in Öl eingelegt und dabei gewürzt: mit Thymian, Rosmarin, Chili und Knoblauch. So kann es unbeschadet im Kühlschrank bis zum Abend warten.
Beim Zuschnitt kommt es darauf an, dass die Würfel nicht zu klein sind: Die brutzeln zu rasch durch und werden hart. Je größer sie sind, desto länger ihre Garzeit. Und die kann jeder nach eigenem Gusto regulieren – einfach das Fleisch aus dem Topf heben, sobald man das Gefühl hat: so schmeckt es mir am besten.

Was gibt es alles dazu?

Zunächst einmal drei grundverschiedene Saucen: Aus Mayonnaise mit Gürkchen, Kapern, Zwiebeln entsteht eine Remoulade der Extraklasse. Dann verraten wir Tipps, wie man die Grundmayonnaise vielfältig verändern kann: mit getrockneten

Tomaten, Knoblauch und Basilikum italienisch abschmecken oder mit Wasabi (japanischem Meerrettichpulver) und geriebenem Ingwer einen fernöstlichen Touch geben. Außerdem gibt es einen Kartoffelsalat, der mit viel Endiviensalat, den wir zuvor in

feinste Streifen schneiden, besonders saftig wird und trotzdem knackig ist und Biss hat. Wir empfehlen ein Zwiebelkompott. Und eine eher exotische Beilage, die zum gebratenen Fleisch besonders köstlich passt.

Was braucht man an Gerätschaften?

Zunächst einmal den richtigen Topf, in dem auf dem Tisch das Öl am Kochen gehalten wird. Man ist ja in den letzten Jahren vom Originalrezept abgekommen und hat statt Öl lieber Brühe genommen, weil es kalorienärmer ist und weniger gefährlich. Denn natürlich muss man aufpassen, wenn man mit dem kochend heißen Öl auf dem Tisch hantiert. Der Topf muss also sicher und so zentral in der Tischmitte stehen, dass man ihn nicht mit einer unachtsamen Bewegung herunterwerfen kann. Es gibt spezielle Fondue-Töpfe aus Kupfer oder Gusseisen, die auf einem passenden Rechaud sicher stehen – der Topf muss aus Metall sein (wegen der hohen Öltemperatur). Es kann allerdings auch ein normaler Kochtopf sein. Schließlich muss man nicht gleich große Anschaffungen unternehmen, bloß weil man ein neues Rezept ausprobieren will.

Und sonst? Spezielle Fondueteller, in denen einzelne Abteilungen wie im Kantinenteller die Saucen hübsch getrennt halten, finden wir überflüssig. Normale Teller sind völlig ausreichend beziehungsweise viel hübscher! Lange Gabeln sind wichtig, an denen man die Fleischwürfel zum Braten ins Öl halten kann. Und natürlich normales Besteck, mit dem man isst. Sonst verbrennt man sich an der heißen Ölgabel den Mund!

Welches Öl nimmt man am besten?

Das ist, wie immer, Geschmackssache. Ein neutrales Erdnuss-, Soja-, Maiskeimöl ist o.k. Hervorragend geeignet ist Traubenkernöl aus Frankreich, und selbstverständlich geht jedes Olivenöl, das ja den höchstmöglichen Rauchpunkt hat. Rauchpunkt? So nennt man den Moment, in dem das Öl zu rauchen beginnt, wenn man es erhitzt. Wird dieser überschritten, können gesundheitsschädliche Stoffe entstehen. Man kann das Öl würzen, mit Kräutern und so weiter, aber nötig ist das nicht, denn wir haben ja das Fleisch schon gewürzt. Natürlich ist auch jedes andere hoch erhitzbare Bratfett geeignet, zum Beispiel Biskin oder Kokosfett.

Zur Sicherheit

Das Rechaud sollte auf einem Holz-, Kork- oder sonstwie hitzebeständigem Untersatz stehen, man kann ihn zusätzlich mit Alufolie umwickeln. Eine Lampe über der Tischmitte sollte weit genug entfernt sein, dass sie keinen Schaden nimmt.

Die passenden Getränke und ein pfiffiger Aperitif

Zum Fleisch gehört ein Rotwein, ganz klar! Ein Spätburgunder vom Kaiserstuhl beispielsweise oder aus Franken. Wunderbar passen auch die Rotweine von der Ahr. Oder man gibt der Heimat unseres Rezeptes die Ehre und trinkt tatsächlich einen Burgunder dazu. Wir haben einen Affentaler Spätburgunder dazu getrunken, eine trockene Auslese, die mit ihrer Wucht die ideale Begleitung zum Fleischfondue war. Vorneweg, zum Auftakt, empfehlen wir einen Kir, das ist ein sehr erfrischender, fruchtiger Aperitif: Likör von schwarzen Johannisbeeren, aufgefüllt mit einem leichten Weißwein, zum Beispiel dem einfachen Aligoté aus Burgund. Dazu gehört unbedingt ein Häppchen aus der Hand: blitzschnell gemacht und einfach herrlich sind Crostini mit Sardinen. Dafür erstklassige Ölsardinen nehmen (siehe unter Bezugsquellen am Ende des Buches). Das Brot in Scheiben auf einem Blech im Ofen rösten, mit den Sardinen belegt, gehackter Knoblauch und zerzupfte, glatte Petersilie darauf – fertig!

Dreierlei Mayonnaisen

1 Alle Zutaten auf Zimmertemperatur erwärmen. Dann für die Grundsauce das ganze Ei und das Eigelb in ein hohes Gefäß füllen, Senf zufügen und mit dem Stabmixer cremig aufschlagen. Langsam, in dünnem, gleichmäßigem Strahl das Öl hinzufließen lassen, bis die Sauce dick und stabil ist. Mit Zitronensaft, Salz, Pfeffer und einer Zuckerprise würzen.

2 Diese Grundsauce in drei Portionen teilen. Unter die erste Portion die Zutaten für die Remoulade rühren und eventuell mit ein wenig Senf zusätzlich würzen.

3 Unter die zweite Menge das Wasabipulver rühren und mit Sojasauce abschmecken.

4 Für die italienische Variante die getrockneten Tomaten winzig klein würfeln, mit etwas heißem Wasser bedecken und einweichen. Zusammen mit der(n) frische(n) Tomate(n) und dem geschälten Knoblauch unter die Mayonnaise mixen. Kräftig abschmecken, schließlich fein gehacktes Basilikum unterrühren.

5 Jeweils in ein passendes Gefäß füllen und mit Klarsichtfolie zugedeckt bis zum Abend kalt stellen.

ZUTATEN

Für vier bis sechs Personen:

Grundsauce:
1 Ei, 1 Eigelb,
1 TL Senf
350 g Öl (erstklassiges kaltgepresstes Olivenöl)
Zitronensaft
Salz, Pfeffer
Zucker

Remoulade:
je 2 EL feinste Kapern
fein gewürfelte Cornichons
fein gehackte Schalotten
Kräuter (Schnittlauch, Dill, Petersilie)

Japanische Mayonnaise:
1 gehäufter TL Wasabipulver
1 Spritzer Sojasauce

Italienische Mayonnaise:
4–5 getrocknete Tomaten
1–2 kleine frische Tomaten
1–2 Knoblauchzehen
Basilikum

Ananas-Relish

Eine erfrischende Sache, die besonders gut zum kross gebratenen Fleisch schmeckt: Dafür wird frische Ananas fein gewürfelt und mit Schalotten, Ingwer, Knoblauch, Chili und Thaikräutern vermischt. Schmeckt umwerfend gut und passt auch sonst zu jeder Art von kurzgebratenem oder gegrilltem Fleisch.

ZUTATEN

Zutaten für sechs Personen:

1 reife, also duftende Ananas
je 1–2 EL fein gewürfelter Ingwer und Knoblauch
je 1 EL fein gehackte rote und grüne Chilischote
1 Tasse frische Kräuter (Thai-Basilikum und Koriandergrün)
2 Stengel Bleichsellerie
2 Schalotten oder Frühlingszwiebeln
1 Zitrone (Saft)
1 TL Zucker
Pfeffer aus der Mühle
2 EL Thai-Fischsauce
1 TL chinesisches Sesamöl
1 EL Olivenöl

1 Die Ananas schälen: Dafür zunächst den Schopf abschneiden und die Frucht unten kappen, damit sie stehen kann. Mit einem scharfen, großen Messer die stachelige Schale nicht zu geizig abschneiden. Dann die schwarz bewimperten Augen herausschneiden, dafür am besten rund um die Frucht einen schrägen keilförmigen Schnitt ziehen, der die Augen jeweils erfasst. Die Frucht ist dann anschließend rillenförmig eingekerbt und sämtliche Augen sind entfernt. Nur Mut, nach einigem Üben gelingt das mühelos!

2 Die Frucht jetzt längs vierteln, den harten Strunk in der Mitte herausschneiden. Das Fruchtfleisch selbst klein würfeln, höchstens zentimetergroß. Mit den übrigen Zutaten mischen – die Kräuter dafür nur grob hacken, Stangensellerie und Zwiebeln jedoch fein würfeln oder in dünne Scheibchen beziehungsweise Ringe schneiden.

3 Das Ananas-Relish ein Stündchen durchziehen lassen.

Zwiebelkompott

Dafür werden Zwiebeln erst einmal ganz weich gedünstet, dann mit Rosinen in Weißwein langsam geschmort. Unwiderstehlich zu gebratenem Fleisch, lässt sich auch gut für den Vorrat einwecken!

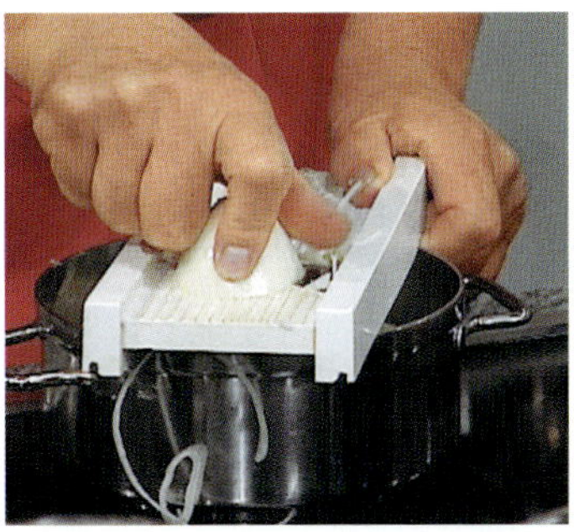

1. Die Zwiebeln schälen, in feine Scheibchen hobeln und im heißen Öl auf kleinem Feuer sehr langsam weich dünsten. Zuerst mit Zucker bestäuben und karamellisieren. Dann salzen und die im Mörser fein zerriebenen Gewürze zufügen.

2. Rosinen und Pinienkerne sowie die Chilischoten und Lorbeerblätter unterrühren – je nach Chiliverträglichkeit extrem scharfe oder mildere Varianten wählen, getrocknete würzen übrigens stets intensiver als frische! Getrocknete Chilis sollte man gleich zu Beginn im Öl anrösten, bevor die Zwiebeln zugefügt werden!

3. Erst wenn die Zwiebeln weich sind, den Wein angießen, immer nur schlückchenweise, und wenn alles verkocht ist, nachfüllen.

4. Das Zwiebelkompott ist richtig, wenn es schmelzend zart ist und intensiv würzig duftet. Zum Fondue in eine hübsche kleine Schüssel füllen.

5. In Schraubgläser füllen. Für den Vorrat bei 80 Grad eine halbe Stunde sterilisieren.

ZUTATEN

Für sechs Personen:

800 g Zwiebeln
(ganz nach Gusto: Haushalts-, weiße oder rote Zwiebeln, auch Schalotten sind geeignet)
3 EL Olivenöl
1 TL brauner Zucker
Salz
1 EL Gewürzmischung aus Korianderbeeren, Piment, 1 Nelke und einigen Pfefferbeeren
50 g Rosinen
2 EL Pinienkerne
2–3 Chilischoten
2 Lorbeerblätter
ca. 1/8 l Weißwein

Der besondere Kartoffelsalat

Der darf natürlich bei uns nicht fehlen, wo doch der Hausherr Kartoffelsalat so ganz besonders liebt... Diesmal wird er mit ganz fein geschnittenem Endiviensalat, viel fein gehackten Zwiebeln und mit Estragonessig angemacht.

1 Die Kartoffeln gar kochen. Inzwischen den Salat putzen, mehrmals gründlich waschen, dann quer in haarfeine Streifen schneiden – »feinnudelig« sagt man gern dazu. Zwiebel und Knoblauch sehr fein würfeln, mit Salz, Pfeffer, Essig und Öl verrühren. Die Salatstreifen in dieser Sauce mischen.

2 Die Kartoffeln noch warm pellen und in Scheibchen schneiden. Mit der Brühe benetzen, dabei salzen. Schließlich mit dem Endiviensalat mischen. Ein herrlich saftiger, appetitanregender Salat!

ZUTATEN

Für sechs Personen:
1,5 kg fest kochende Kartoffeln
1 mittelgroßer Endiviensalatkopf
1 Zwiebel
2–3 Knoblauchzehen
3–4 EL Estragonessig
Salz
Pfeffer
3 EL Olivenöl
ca. 3–4 EL Gemüse- oder Fleischbrühe

Dessert: Chili-Eiscreme

Zu Silvester ein besonderes Dessert! Wir haben uns eine Eiscreme ausgedacht, die Sie bestimmt noch nie gegessen haben: Chili-Eis. Klingt verrückt, aber ist umwerfend gut. Wir haben es den ganzen Sommer über unseren Gästen serviert, alle waren begeistert: Eine Eismasse wie für Vanilleeis, statt Vanille kommen fein gewürfelte frische Chilis rein. Die winzigen roten und grünen Pünktchen im hellgelben Eis sehen hüsch aus, Zucker mildert die Schärfe, die aber dennoch prickelnd spürbar ist. Ein schmuckes Minzeblättchen dazu - Sie werden Furore damit machen!

1 Sahne und Milch aufkochen, den Zucker darin auflösen. Die gründlich verquirlten Eigelb einrühren. Die Masse erneut erhitzen, einmal aufwallen, aber nicht kochen lassen. Die feinen Chiliwürfelchen einrühren. Die Masse kalt stellen. In der Sorbetière gefrieren.

ZUTATEN

Für sechs bis acht Personen:

1/4 l Sahne
1/4 l Milch
180 g Zucker
5 Eigelb
je 1 TL winzig fein gewürfelte grüne und rote Chilis (die Schärfe unbedingt ausprobieren!)
Melisse- oder Minzeblättchen

2 Zum Servieren mit einem Eislöffel Kugeln formen und auf Desserttellern oder in Dessertgläsern anrichten. Mit Minzeblättern schmücken.

3 Am besten schmecken die würzigen Thaichilis, nicht die winzigen Vorgelaugenchilis, sondern die etwas größeren Geschwister, die etwa Streichholzlänge haben. Wem das zu scharf ist, kann einen Teil durch die milderen türkischen Chilis ersetzen. In jedem Fall sollten die frischen Schoten mit einem scharfen Messer winzig klein gewürfelt werden!

TIPP

Wer keine Eismaschine hat, füllt die Eismasse in eine Metallschüssel, die die Kälte besser leitet als jedes andere Material, und stellt sie ins Gefrierfach. Nach etwa zwei Stunden, wenn die Masse fest zu werden beginnt, sollte man sie alle 15 Minuten herausholen und mit einem Schneebesen aufschlagen. Dadurch werden die spitzen Eiskristalle zerstört, die auf der Zunge pieksen, und die Creme wird wirklich cremig.

GETRÄNK

Um Mitternacht wird der Sekt geöffnet. Wir haben uns diesmal einen Winzersekt von der Mosel ausgesucht – und stoßen damit an auf das kommende Jahr: Prosit Neujahr!

Bezugsquellen

Wir leben auf dem Land, ziemlich weit von interessant bestückten Märkten und von Delikatessengeschäften mit ausgesuchtem Angebot entfernt. Wenn wir auch in der glücklichen Lage sind, eine Menge ungewöhnlicher oder gar fremdartiger Zutaten und Lebensmittel von unseren vielen berufsbedingten Reisen mitzubringen, so fehlt uns häufig die Möglichkeit zum gezielten Ein- oder Nachkauf. Und manche Spezialitäten gibt es einfach nicht überall, weil sie nur in begrenzter Menge produziert werden und schon deshalb nicht in großen Läden angeboten werden können. Viele kleine, noch handwerklich arbeitende Hersteller vertreiben daher ihre rare Ware lieber per Versand oder gar über Versandhäuser, die sich auf solche Nischenprodukte spezialisiert haben. Wir finden es überaus bequem, was wir brauchen einfach ins Haus geliefert zu bekommen. Deutsche Weine bestellen wir bei den Winzern, die wir mögen, am liebsten direkt. Importweine und alle übrigen besonderen Lebensmittel (zum Beispiel erstklassige Anchovis, allerbesten eingelegten Thunfisch, sizilianische Bottarga oder Sardinen) gern und regelmäßig bei folgenden kleinen Unternehmen:

VINCENT BECKER
Gewerbestraße 11
79285 Ebringen bei Freiburg
Tel: 07664/97980
Fax: 07664/979899
www.vincent-becker.de
E-Mail:
info@vincent-becker.de

Hier gibt es Essige aus aller Welt, auch echter aceto balsamico tradizionale, unterschiedlichste Ölsorten (zum Beispiel Olio agrumato oder Kürbiskernöl), eine reiche Auswahl an Spezialitäten aus Italien, Frankreich und Österreich – sogar eine kleine, aber feine Auswahl an Weinen und Champagner. Besonders erwähnenswert noch die Konfitüren von Christine Ferber und die Schokoladen (bis 100% Kakao-Anteil) von Slitti. Auch originelle, witzige oder schöne Gerätschaften für Küche, Tafel und Keller. Er ist übrigens auch Bezugsquelle für unsere Apfelprodukte (Sekt, Saft, Essige) aus unserem Apfelgut.

BOS FOOD
Grünstraße 24c
40667 Meerbusch
Tel: 02132/1390
Fax: 02132/139100
www.bosfood.de
E-Mail: service@bosfood.de

Hier gibt es eine Fülle interessanter Zutaten, unbedingt Liste schicken lassen!

CULINARIA
Gut Neunthausen
72172 Sulz-Hopfau
Tel: 07454/969798
Fax: 07454/969796
www.apfelgut.de
E-Mail: info@apfelgut.de

Schürzen mit unserem Namen bestickt: »Kochen mit Martina & Moritz«, in Rot, Weiß, Blau und Grün für Eur 38,35 inkl. Mwst. und Versandpauschale. Außerdem können Sie hier alle unsere Bücher bestellen, die wir auf Wunsch gern mit persönlicher Widmung versehen.

GARIBALDI
Frohschammerstraße 14
80807 München
Tel: 089/3590222
Fax: 089/3592929
www.GARIBALDI.de
E-Mail: info@GARIBALDI.de

Wohl das umfassendste Angebot an italienischen Weinen, aus sämtlichen Regionen und in allen Qualitätsstufen. Dazu eine interessante Auswahl an Spezereien, Fisch in Dosen, Olivenölen, Saucen, Pasta und anderen Zutaten aus Italien.

KÖSSLER & ULBRICHT
GmbH & Co. KG
Nordostpark 78
90411 Nürnberg
Tel: 09 11 / 52 51 53
Fax: 09 11 / 5 29 88 74
E-Mail: info@weinhalle.de
www.weinhalle.de

Weine aus aller Welt, nicht nur Europa, auch Kalifornien, Australien und andere Anbaugebiete in Übersee.

LandArt
Egelseestraße 44
A-4866 Unterach am Attersee
AUSTRIA
Tel: 00 43 76 65 / 60 11
Fax: 00 43 76 63 / 2 00 11 23
www.landart.at
E-Mail: office@landart.at

Frisches Fleisch vom Rind und vom Waldschwein aus artgerechter Haltung, glückliches Geflügel, daraus handwerklich hergestellte Wurst und Schinken sowie fix und fertig zubereitete Gerichte. Kommt per Kühlpaket oder per Kühlwagen.

THOMAS SPÄTH
Weinhandel
Franz-Joseph-Straße 43
80801 München
Tel: 0 89 / 34 47 61
Fax: 0 89 / 39 98 63
www.thomasspaeth.de
E-Mail: office@thomasspaeth.de

Spezialisiert auf österreichische Weine. Super Angebot aus allen Anbaugebieten des Landes.

TIVONA ALIMENTARIA
Im Klapperhof 33 a
50670 Köln
Tel: 02 21 / 1 39 56 54
Fax: 02 21 / 1 39 56 55
www.oliva-verde.de
E-Mail: tivona@oliva-verde.de

Feinste Essige (auch Balsamico-Essig) und Öle, erlesene Hülsenfrüchte, unterschiedliche Reissorten (dort gibt es übrigens auch den fabelhaften Bomba-Reis für Risotti und Paellas) und absolute Spitzen-Sardinen in Olivenöl.

WERNER'S **Naturspezialitäten**
A-8503 St. Josef 14
AUSTRIA
Tel: 00 43 31 36 / 8 32 00
Fax: 00 43 31 36 / 8 32 00 4
www.werners.at
E-Mail: delikatessen@werners.at

Spezialitäten aus der Steiermark, Marmeladen, Schokolade, Kürbiskernöl, Brände, Essige und Weine.

ROHMILCHKÄSE AUS DEM MÜNSTERTAL:
Rotschmierkäse nach Art des elsässischen Munsterkäses, aber auch Schnittkäse produziert die **Spielwegkäserei** der Familie Fuchs im Romantik-Hotel Spielweg
Spielweg 61
79244 Münstertal
Tel: 0 76 36 / 70 90
Fax: 0 76 36 / 70 966
www.spielweg.com
E-Mail:
spielweg@romantikhotels.com

La Vineria, Dr. Peter Hilgard
Weinhandel GmbH
Postfach 61 04 53
60346 Frankfurt
Tel: 0 69 / 42 57 06
Fax: 0 69 / 42 53 09
www.lavineria.de
E-Mail: info@lavineria.de

Gute Auswahl in spanischen Weinen und interessante Sherrys.

Eine ausführliche Liste mit sämtlichen Sherry-Importeuren Deutschlands kann man beim Informationsbüro Sherry bestellen: www.sherry-info.de

Rezeptregister

Stichwortverzeichnis